EMPRESA SIGLO XXI

El español en el ámbito profesional

LIBRO DE CLAVES

Emilio Iriarte Romero
Emilia Núñez Pérez

Coordinador:
Ángel Felices Lago

Edi
numen

© Editorial Edinumen 2009
© Emilio Iriarte Romero y Emilia Núñez Pérez
    Coordinador: Ángel Felices Lago

Editorial Edinumen
José Celestino Mutis, 4
28028 - Madrid
Teléfono: 91 308 51 42
Fax: 91 319 93 09
e-mail: edinumen@edinumen.es
www.edinumen.es

ISBN: 978-84-9848-197-6
Depósito Legal: M-35806-2009

Edición: Sonia Eusebio
Diseño de cubierta: Antonio Arias y Carlos Casado
Maquetación: Ana M.ª Gil
Imprime: Gráficas Glodami. Coslada (Madrid)

ÍNDICE

UNIDAD 1
Los tipos de sociedades

1 Competencia pragmática

1.1. Competencia discursiva

Cartas de negocios

1. y 2.

Antonio Romano
Paseo Las Flores,16
18007 Granada

Gestoría Luque
Calle Victoria, 27, 3.º C
28005 Madrid

5 de noviembre de 2008

Estimado Sr. Luque:

El objeto de esta carta es ponerme en contacto con ustedes para solicitar su inestimable ayuda, ya que estoy tratando de montar un negocio.
Al ser un empresario individual me veo en la necesidad de considerar todos los aspectos desde un punto de vista legal así como económico.
En estas áreas es donde me gustaría contar con ustedes, puesto que al ser asesores de empresa sabrán las medidas a tomar y los factores a tener en cuenta.

Quedo a la espera de sus noticias y aprovecho la ocasión para saludarles muy atentamente.

Firma
Antonio Romano
Director

Nota.- Aconsejamos crear una situación relacionada con el ámbito comercial o laboral y proponerla en clase para que el estudiante redacte una carta de negocios adaptada a dicha situación. Por ejemplo, solicitar un catálogo a una empresa determinada.

ACTIVIDADES

1. a. El Sr. Romano quiere ser un empresario individual; **b.** Entre otras cosas, las características del local, el equipamiento necesario, conocer la política del mercado, la situación del mercado, el perfil de los clientes potenciales y el volumen de la inversión, etc. Crear una empresa también exige plantearnos algunos interrogantes tales como: ¿qué quiero vender o producir y a quién?, ¿cómo voy a hacerlo?, ¿dónde se localiza mi negocio?, ¿qué número de empleados necesito?; **c.** La Confederación de Empresarios, la Cámara de Comercio y los organismos gubernamentales de cada comunidad autónoma, etc.; **d.** La formación del personal, un buen plan de empresa, la financiación y muchas ganas de trabajar; **e.** Pregunta con respuesta abierta; **f.** Pregunta con respuesta abierta.

2. **Competencia:** son las empresas que producen los mismos bienes o prestan los mismos servicios y con las cuales se ha de luchar por atraer a los clientes; **Trabajadores:** es el conjunto de personas que rinden su trabajo en la empresa, por lo cual reciben un salario; **Proveedores:** son personas o empresas que proporcionan las materias primas, servicios, máquinas, etc. necesarias para que las empresas puedan llevar a cabo su actividad; **Empresario:** es la persona o conjunto de personas encargadas de gestionar y dirigir tomando las decisiones necesarias para el buen funcionamiento de la empresa; **Tecnología:** está constituida por el conjunto de procesos productivos y técnicos necesarios para poder fabricar (máquinas, ordenadores, técnicos, etc.); **Organismos públicos:** tanto el gobierno central como las comunidades autónomas y ayuntamientos condicionan la actividad de la empresa a través de normativas laborales, fiscales, sociales, etc.; **Clientes:** constituyen el conjunto de personas o empresas que demandan los bienes producidos o los servicios prestados por la empresa.

3. Greenpeace, Médicos sin fronteras, Cruz Roja, Organizaciones no gubernamentales (ONG).

2 Competencia lingüística

2.1. Competencia léxica

Léxico relacionado con el mundo empresarial

1. Textil: 7, 18, 20; Química: 12, 17; Confección: 6, 11, 15; Metalúrgica: 4, 9; Alimentación: 1, 14, 16; Caucho: 13; Madera: 5, 8; Manufacturera: 2, 10; Piel: 3, 6, 19.

Nota.- El número 6 (abrigos de visón) pertenece a la industria de la piel (peletera) desde la perspectiva del materia y a la de la confección pues requiere un proceso de elaboración y diseño.

2. Importar: **1.** Convenir, interesar; **2.** Introducir en un país géneros, artículos o costumbres extranjeras. Deducción: **1.** Llegar a una conclusión; **2.** Reducción, descuento. Sociedad: **1.** Reunión de personas, familias, pueblos o naciones; **2.** De comerciantes, hombres de negocios o accionistas de alguna compañía. Depósito: **1.** Lugar o recipiente para almacenar; **2.** Cantidad de dinero ingresada en un banco. Bolsa: **1.** Utensilio de diferentes materiales para llevar alguna cosa; **2.** Mercado de valores. Canal: **1.** Cauce artificial por donde se conduce el agua para darle salida o para otros usos; **2.** Circuito a través del cual los fabricantes (o productores) ponen a disposición de los consumidores (o usuarios finales) los productos para que los adquieran. Operación: **1.** Acción que se lleva a cabo en un quirófano; **2.** Negociación o contrato sobre valores o mercancías. Titular: **1.** Nombre o inscripción de una noticia, etc.; **2.** El que ejerce cargo, oficio o una profesión con cometido propio.

3. PARA UNA EMPRESA: cuenta de gestión, cuenta mutua, cuenta de pérdidas y ganancias. PARA UNA PERSONA: cuenta de ahorro vivienda, cuenta a plazo. PARA AMBOS: cuenta compensada, cuenta corriente, cuenta conjunta, cuenta bancaria, cuenta solidaria, cuenta en participación.

4.

Situación	Tipo de cuenta
Manuel es un chico de 35 años que está pensando en adquirir una casa en un futuro próximo.	**Cuenta de ahorro vivienda**
La familia García tiene ahorrada una cantidad de dinero que no va a necesitar en un determinado periodo de tiempo y está pensando qué hacer para obtener una buena rentabilidad.	**Cuenta a plazo**
La empresa Sansón y Lalila quiere evitar quedarse sin saldo en una cuenta al realizar un pago.	**Cuenta compensada**
Queremos abrir una cuenta en la que cualquiera de los titulares pueda retirar dinero sin permiso de los demás.	**Cuenta solidaria**
Dos entidades bancarias tienen una relación comercial muy fluida y quieren tener constancia de las operaciones que han realizado entre ambas.	**Cuenta mutua**

3 Competencia sociolingüística

3.1. Registros

La jerga o el lenguaje de los profesionales

1. En una empresa el poder de decisión no siempre debe ir asociado a la dirección. Es también importante facilitar la autorrealización de los empleados y buscar su satisfacción laboral por medio de incentivos tales como las expectativas de promoción, contratos fijos, etc. La eficacia de una buena empresa está basada en el estilo de dirección, la atención al cliente, la producción y los beneficios.

   Ofertar contratos fijos supone una estabilidad o seguridad laboral y aporta a la empresa ayudas y subvenciones. Otro aspecto que yo considero de primer orden sería el área del conocimiento, en la que se deben ofertar cursos de formación. Esto mejoraría los logros del departamento de Investigación y Desarrollo.

2. Organización empresarial: poder de decisión, dirección, estilo de dirección, subvenciones, departamento de I+D, atención al cliente. Eficacia: incentivos, producción, beneficios, promoción. Conocimiento: cursos de formación, departamento de I+D. Seguridad y satisfacción laboral: autorrealización de los empleados, satisfacción laboral, promoción, incentivos, expectativas de promoción, subvenciones, contratos fijos, seguridad laboral.

3. **1.** c; **2.** e; **3.** b; **4.** a; **5.** d.

4. El objetivo de esta actividad está enfocado a que el alumno utilice las estrategias necesarias para inferir el significado de las palabras que ha seleccionado del texto por medio del contexto en el que aparecen. Se pretende, de esta manera, desarrollar la competencia léxica relacionada con el ámbito profesional.

   Palabras/expresiones: reducción de costes directos e indirectos, líneas de negocio, proveedores, empleados, grandes empresas, corporaciones, ingresos directos e indirectos, procesos, medios, pymes…

5. Pregunta con respuesta abierta. En esta actividad intentamos comprobar el dominio que el estudiante tiene de la quinta destreza, es decir, la interacción oral, tal y como el MCER indica. El alumno debe saber expresar cuáles considera que son los aspectos clave para que una empresa tenga una buena organización o llegue a tener éxito.

4 Competencia sociocultural

4.1. Competencia cultural

Los tipos de sociedades en España

1. **Empresa:** unidad económica dedicada a la producción y comercialización de bienes o servicios con fines lucrativos.

2. **Recursos técnicos**: son aquellos que sirven como herramientas e instrumentos auxiliares en la coordinación de los otros recursos; es decir, sistemas de producción, de ventas, de finanzas, patentes, etc; **Recursos financieros**: son los recursos monetarios propios y ajenos con los que cuenta la empresa, indispensables para su buen funcionamiento y desarrollo; **Recursos humanos**: son indispensables para cualquier grupo social, ya que de ellos depende el manejo y funcionamiento de los demás recursos; **Recursos materiales**: son los bienes tangibles con que cuenta la empresa para poder ofrecer sus servicios, tales como oficinas, maquinaria, materias auxiliares que forman parte del producto, etc.

Clasificación de la empresa

🏃 ACTIVIDADES

1.

Diferencias	Similitudes
Capital inicial: **S.A.:** 60 101 euros. **S.L.:** 3 050 euros. **S.A.:** acciones. **S.L.:** participaciones. **S.A.:** cotiza en la Bolsa. **S.L.:** nunca puede cotizar en Bolsa.	Forma jurídica: ambas son empresas sociales y mercantiles. Responsabilidad social ante terceros: limitada. Son sociedades capitalistas. Tienen las mismas formalidades.

2. Empresa perteneciente íntegramente al Estado: **pública;** Empresa dedicada a la extracción de productos naturales: **sector primario;** Empresa que tiene entre 50 y 500 empleados: **mediana y/o grande;** Empresa en la que el empresario ejercita en nombre propio una actividad constitutiva: **individual;** Empresa capitalista donde el capital inicial está dividido en participaciones: **S.L.;** Gran empresa que desarrolla sus actividades en varios países: **multinacional;** Empresa donde varias personas convienen

desarrollar en común la acción empresarial: **sociedades mercantiles;** Empresa que transforma productos naturales a través de un proceso industrial: **sector secundario.**

3.

Nombre empresa	Sector económico	Tamaño	Producción	Forma jurídica	Ámbito geográfico
LACASA	Secundario.	Grande.	Chocolates, dulces, turrones, bombones y caramelos.	Sociedad Anónima.	Multinacional.
GRAN CAFÉ BIB–RAMBLA.	Terciario y secundario.	Pequeña.	Helados, pasteles y bollos.	Individual.	Local.

4. Pregunta con respuesta abierta.

5. Pregunta con respuesta abierta.

4.2. Comprensión auditiva

 Transcripción del texto

Pista 1 Buenas tardes, me voy a limitar a dar las características esenciales de tres tipos de sociedades que bien podrían ser una alternativa a las Sociedades Anónimas y Limitadas.

La primera de ellas se denomina Sociedad Cooperativa, las cuales están reguladas por la ley 27/1999, de 16 de julio para cooperativas del ámbito estatal.

Las comunidades autónomas, en el ámbito de sus competencias, poseen legislaciones propias.

La Sociedad Cooperativa se constituirá mediante Escritura Pública que deberá ser inscrita en el Registro de Sociedades Cooperativas, con lo que adquirirá personalidad jurídica.

Los Estatutos fijarán el capital social mínimo con que puede constituirse y funcionar la cooperativa, que deberá estar totalmente desembolsado desde su constitución.

El capital social estará constituido por las aportaciones de los socios y se realizarán en moneda de curso legal. Si lo prevén los Estatutos, o lo acordase la Asamblea General, también podrán consistir en bienes y derechos susceptibles de valoración económica.

En las cooperativas de primer grado, el importe total de las aportaciones de cada socio no podrá exceder de un tercio del capital social, excepto cuando se trate de sociedades cooperativas, entidades sin ánimo de lucro o sociedades participadas mayoritariamente por cooperativas.

La responsabilidad de los socios por las deudas sociales estará limitada a las aportaciones al capital social suscrito, estén o no desembolsadas en su totalidad.

El segundo tipo de sociedades se denomina Sociedades de Garantía Recíproca, las cuales tienen como objetivo exclusivo prestar garantías por aval o por cualquier otro medio admitido en Derecho, a favor de sus socios para las operaciones que estos realicen en las empresas de que sean titulares. La sociedad no podrá conceder directamente ninguna clase de créditos a sus socios. Podrán formar parte de estas sociedades todas las Pymes, ya sean personas físicas o jurídicas dedicadas a cualquier actividad de lícito comercio. El capital social mínimo no puede ser inferior a 1 803 036,30 euros, que deberá estar suscrito o desembolsado en el momento de la constitución.

Para terminar, les hablaré del tercer tipo de sociedades, denominado Sociedades de Capital – Riesgo.

Son Sociedades Anónimas dedicadas principalmente a financiar temporal y minoritariamente a las Pymes, invirtiendo en ellas sus recursos propios. Aportan, además de esta financiación, un valor añadido en forma de apoyo gerencial.

Esta participación en las Pymes no suele tener duración limitada y puede incrementar sus recursos, mediante ampliaciones de capital.

Los recursos de estas empresas, para el desarrollo de su actividad, proceden de una serie de inversores que ponen su dinero en manos de "operadores especializados", que localizan e invierten en Pymes, y posteriormente desinvierten, obteniendo plusvalía o reducción, según el caso. Se distingue entre:

– Sociedades de Capital-Riesgo, que se caracterizan por invertir sus propios recursos y por no tener, en principio, una duración limitada en el tiempo.

– Sociedad Gestora de Fondo de Capital – Riesgo (FCR). Estos no suelen contar con recursos propios para invertir. Su papel se orienta hacia la captación de recursos de otros inversores que son integrados en el FCR y con una duración temporal.

El capital social mínimo para las Sociedades de Capital – Riesgo debe ser, al menos de 1 202 024,20 euros, desembolsados el 50% en el momento de la constitución y el resto en un plazo máximo de tres años. En el caso de los FCR, el patrimonio mínimo debe ser de 1 652 783,30 euros.

1. b; **2.** c; **3.** a; **4.** a.

5 | Competencia intercultural

5.1. | Los choques culturales en la empresa

En esta sección se plantean una serie de conflictos o choques culturales que una extranjera sufre en el trabajo que realiza en España.

Uno de los puntos en los que el docente debe insistir es que las situaciones de conflictos culturales se producen en la gran mayoría de los países.

El objetivo principal de esta actividad será el de proveer al estudiante de armas para poder actuar de mediador intercultural a través de la resolución de conflictos.

Se menciona también una de las áreas que componen la competencia intercultural del estudiante, la de *saber ser* en una cultura que es diferente a la suya.

Sería interesante preguntar al aprendiente cuál sería su actitud ante esta situación en su propio país y en España y hacer un análisis de las diferencias que se puedan dar y preguntarse el por qué de esas diferencias de comportamiento y las distintas vías en las que se pueda alcanzar un consenso.

Tarea final

Damos a continuación algunas nociones básicas relacionadas con el tema que actúa de eje central en la tarea final que planteamos en esta primera unidad. Añadimos este material complementario para ampliar los conocimientos del profesorado, el cual puede decidir voluntariamente en qué fase de la realización de la tarea final considera más oportuno llevarlo a cabo, en caso de que lo considere necesario.

LAS FUSIONES EMPRESARIALES

Las fusiones son operaciones generalmente practicadas en periodos de expansión económica o de crisis. La toma de decisiones en materia de fusión o adquisición de empresas es por naturaleza compleja, y resulta de mayor dificultad dado el impacto del entorno económico de hoy. El manejo de asuntos financieros, contabilidad e impuestos es clave para el éxito o fracaso de operaciones de negocio. En procesos de fusión y adquisición, es preponderante el grado de conocimiento y conciencia que tengan ambas partes involucradas con respecto a los numerosos factores que entran en juego.

1. Características de la fusión:

– Puesta en común por dos o más sociedades de todos sus activos con la toma del pasivo, produciendo la creación de una sociedad nueva o realizando aportes consentidos a una sociedad preexistente (absorbente) y aumentando su capital.

– La desaparición de la sociedad aportante o absorbida.
– La atribución de nuevos derechos sociales a los asociados de las sociedades desaparecidas.
– Transmisión de la universalidad de los bienes de la sociedad absorbida a la sociedad absorbente.
– Los accionistas de la sociedad absorbida se convierten en socios de la absorbente.

2. Clasificación de las fusiones:

Fusión pura: dos o más compañías se unen para constituir una nueva. Estas se disuelven, pero no se liquidan.

Fusión por absorción: una sociedad absorbe a otra u otras sociedades que también se disuelven pero no se liquidan.

Fusión vertical: una de las compañías es cliente de la otra en una rama del comercio en que es suplidora.

Fusión horizontal: una fusión entre dos compañías que operan en el mismo sector. Por ejemplo, la fusión de dos entidades bancarias o la fusión de dos cadenas hoteleras.

3. Ventajas y desventajas de las fusiones:

Ventajas:
– Disminución considerable de los gastos de operación y/o producción, al reducirse el personal.
– Cese de la rivalidad y la competencia leal o desleal que les impide un mayor poder económico y la realización de mayores beneficios.
– Mayor rentabilidad, porque los instrumentos de producción son más convenientemente utilizados cuando son manejados bajo una gestión única o se encuentran concentrados en un mismo espacio, reduciéndose consecuentemente los costos.
– La compañía absorbente se convierte en una sociedad más sólida, con disfrute de mayor crédito comercial.
– Garantiza una administración más metódica y una fiscalización más centralizada.

Desventajas:
– Una fusión mal llevada, puede aumentar las dificultades.
– La fusión, de hecho, puede crear monopolios y oligopolios.
– La fusión debe ser bien informada a los terceros para evitar pánicos o confusiones.
– Las fusiones improvisadas, mal concebidas o ejecutadas, pueden favorecer el alza de los precios del producto y hasta la calidad de los bienes producidos.

UNIDAD 2
Creación de una empresa

1.1. Competencia discursiva

Tipos de gráficos

🏃 **ACTIVIDADES**

1. Producto Interior Bruto. Dos diagramas de líneas superpuestos. En este diagrama podemos observar los resultados del análisis comparativo entre el PIB de Europa y España en el periodo 1986 – actualidad.
   Producción agrícola. Gráfico de sectores.
   Facturación de Sfera. Gráfico de líneas.
   Consumo de videojuegos en España. Diagrama de barras con dos variables cualitativas.

2. 49,3: cuarenta y nueve coma tres; 10: diez; 6,1%: seis coma uno por cien; 1999: mil novecientos noventa y nueve; 4,9: cuatro coma nueve; 4,6%: cuatro coma seis por cien; 4,9: cuatro coma nueve; 1/3: un tercio; 40 615: cuarenta mil seiscientos quince; 85: ochenta y cinco; 4,4%: cuatro coma cuatro por cien.

3. Pregunta con respuesta abierta.

   Aportamos el tipo de diagrama que podría ser más aconsejable para la información ofrecida por este tipo de textos.

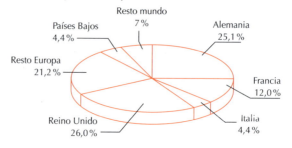

Fuente: Instituto de Estudio Turísticos

4. **a.** estable, puntos; **b.** aumentan, cayendo; **c.** 1,23%; **d.** reducción; **e.** consumo, acelerará.

2 Competencia lingüística

2.1. Competencia léxica

Tipos de organigramas

1. Puede apreciarse a simple vista la estructura general y las relaciones de trabajo en la empresa. Algunos departamentos que se pueden añadir podrían ser los de finanzas, producción, *marketing*, etc.

2. Correctas: 2, 5, 8. Incorrectas: 1, 3, 4, 6, 7, 9, 10.

3. **1.** e; **2.** f; **3.** a; **4.** b; **5.** c; **6.** d.

4.

1. Productos → Biodegradables → Detergentes
   Productos → Químicos → Lejía

2. Secuencia → Horaria → Turno de noche
   Horaria → Turno de tarde
   Horaria → Turno de mañana

3 Competencia sociolingüística

3.1. Registros

Los departamentos y sus funciones

Mercadotecnia: i, k; Investigación y Desarrollo: d; Producción: f, g; Logística: c; Administración: l; Recursos Humanos: a, e, j; Ventas: b, h.

Los cargos empresariales y sus funciones

1. **A.** Técnico de selección; **B.** Contable; **C.** Analista; **D.** Responsable de mantenimiento; **E.** Técnico comercial; **F.** Director de I + D; **G.** Secretaria de dirección; **H.** Director general.

2. **a.** 3; **b.** 4; **c.** 5; **d.** 6; **e.** 2; **f.** 7; **g.** 10; **h.** 9; **i.** 8; **j.** 1.

3. Pregunta con respuesta abierta.

4 Competencia sociocultural

4.1. Competencia cultural

Pasos para la creación de una empresa

1. **Licencia de obras:** permiso o autorización dada para la realización de reformas en la estructura de un edificio o local; **Estatutos:** reglas legales que sirven a una sociedad o corporación para regirse desde su constitución. Deben registrarse en una escritura; **Escritura:** donde se señala legalmente un compromiso del que derivan derechos y obligaciones; **Funcionario:** trabaja para el Estado; **Notario:** funcionario público autorizado para dar fe de los contratos, testamentos y otros actos extrajudiciales, conforme a la ley; **Notaría:** oficina del notario; **Abogado:** legalmente autorizado para defender en juicios los derechos e intereses de los afectados y también para asesorar sobre los puntos legales que se le consulten; **Bufete:** despacho de un abogado; **Delegación Provincial de Hacienda:** donde se realizan las funciones de la Hacienda Pública en una localidad determinada.

2. PERSONAS: abogado, notario, funcionario; DOCUMENTOS: escritura, licencia de obras, estatutos; LUGARES: notaría, bufete, Delegación Provincial de Hacienda.

4. Se recomienda advertir a los alumnos de que hay lugares que no se corresponden con los trámites y que otros se repiten.

   1. b; **2.** g; **3.** f; **4.** e; **5.** h; **6.** d; **7.** a; **8.** b; **9.** c; **10.** c.

5. Primero, ir a la Oficina Española de Patentes y Marcas para registrar el nombre de la empresa, luego debo ir al Registro Mercantil Central, después me dirigiré al bufete de abogados, más tarde a la notaría. El siguiente paso es la Delegación Provincial de Hacienda, luego iré al Registro Mercantil, después a la Delegación Provincial de la Seguridad Social. Finalmente iremos a la Dirección de Trabajo y al Ayuntamiento.

6. **6.1.** c; **6.2.** a; **6.3.** b; **6.4.** c; **6.5.** b; **6.6.** a; **6.7.** b; **6.8.** b; **6.9.** c; **6.10.** c.

7. Presencial: son necesarios 15 documentos en papel para la tramitación; son necesarias ocho visitas a instituciones. Telemática: plazo a menos de 72 horas; solo podrán acudir a él las sociedades de responsabilidad limitada: solo exige al emprendedor rellenar un documento electrónico; son necesarias dos visitas a instituciones.

4.2. Comprensión auditiva

 Transcripción del texto

Pista 2 **Asesor:** Buenos días, señora, ¿en qué puedo servirle?

Penélope: Buenos días, me gustaría obtener información de los trámites burocráticos necesarios para crear una empresa.

Asesor: Con mucho gusto, señora. Es una tarea fácil, pero conlleva visitar distintos organismos para cumplimentar toda la documentación.

Penélope: La verdad es que yo no tengo mucha idea, le ruego que tenga paciencia conmigo y sea tan amable de explicármelo paso a paso.

Asesor: En primer lugar, debe ir a la Oficina Española de Patentes y Marcas, para registrar el nombre o la marca de la empresa y a continuación, para asegurarnos de que no existe otra compañía con el mismo nombre, es aconsejable cerciorarse de tal hecho en el Registro Mercantil Central. El siguiente paso nos llevará a un bufete de abogados que le asesorará de la forma legal más adecuada para su empresa y para redactar los estatutos en función del tipo de negocio elegido. A continuación deberá dirigirse a una notaría donde debe presentar los estatutos de la nueva empresa, así como firmar la escritura de su constitución conjuntamente con todos los socios fundadores, debidamente identificados y también tiene que añadir la certificación negativa del nombre de su empresa al igual que la certificación bancaria del depósito del capital social.

Penélope: Perdone, perdone, ¿todos estos trámites también son necesarios para crear una empresa individual?

Asesor: Disculpe, yo me refería a la creación de una sociedad mercantil y evidentemente usted solicita información de los pasos a seguir para la creación de una empresa individual, en cuyo caso los trámites son más simples. En primer lugar, usted debe ir a la Delegación Provincial de Hacienda para tramitar el IAE, y legalizar los libros obligatorios de facturas.

Penélope: ¿Qué significa IAE?

Asesor: Es la abreviatura del alta del Impuesto de Actividades Económicas.

Y por último, debe ir a la Delegación Provincial de la Seguridad Social para inscribirse en el Régimen de Autónomos.

Penélope: Bien. Parece que los trámites son mucho más reducidos para una Sociedad Individual que para una Sociedad Mercantil. Muchas gracias por su ayuda.

Asesor: Si tiene algún problema no dude en volver a consultarnos.

1. 2. Registro Mercantil Central; **4.** firmar la escritura de la constitución, la certificación bancaria del depósito del capital social. **Si es una empresa individual: 1.** la Delegación Provincial de Hacienda, legalizar los libros obligatorios de facturas; **2.** inscribirse en el Régimen de Autónomos.

5 Competencia intercultural

5.1. Conocer diferentes aspectos de la Economía española

Los objetivos de esta actividad están enfocados a aumentar la competencia léxica del estudiante a la hora de describir la situación económica de un país determinado desde diferentes perspectivas.

Hemos intentado ofrecer un documento adaptado de la sección de Economía para desarrollar las destrezas heurísticas (de descubrimiento y análisis).

Según el MCER: "En su sentido más general, *saber aprender* es la capacidad de observar y de participar en nuevas experiencias y de incorporar conocimientos nuevos a los conocimientos existentes, modificando estos cuando sea necesario. Las capacidades de aprendizaje de lenguas se desarrollan en el curso de la experiencia de aprendizaje. Permiten al alumno abordar con mayor eficacia e independencia los nuevos desafíos del aprendizaje de la lengua para ver qué opciones existen y hacer un mejor uso de las oportunidades. La capacidad de aprender tiene varios componentes como, por ejemplo, la reflexión sobre el sistema de la lengua y la comunicación, las destrezas fonéticas generales, las destrezas de estudio y las destrezas de descubrimiento y análisis". Nosotros nos hemos centrado en esta última capacidad.

Por medio de esta actividad el alumno se deberá enfrentar a la capacidad de saber aprender utilizando diferentes estrategias de análisis y mostrando, a su vez la capacidad de utilizar materiales disponibles para el aprendizaje independiente y la capacidad de organizar y utilizar materiales para el aprendizaje autodirigido.

La idea final de esta actividad está centrada en contrastar la existencia o no existencia de ciertos documentos y de algunas fases en el proceso de creación de empresas en la cultura de origen y en la cultura meta. Por lo tanto, se está poniendo en práctica las destrezas y habilidades interculturales del alumno, en concreto, la capacidad de relacionar entre sí la cultura de origen y la cultura extranjera.

En la página *www.circe.es* el alumno podrá encontrar información adicional en todo lo concerniente a la creación de empresas. Destacamos a continuación algunas de las áreas en las que se puede ampliar el conocimiento de los aspectos más relevantes que podemos encontrar en la aventura de emprender:

Tramitación telemática

- ¿Qué es?
- Ventajas de la tramitación telemática.
- Recomendaciones para crear una empresa.
- Tipos de sociedades.
- ¿Cómo realizar un trámite?
- Documentación necesaria.
- Normativa.
- Estadísticas.

UNIDAD 3
Contratos de trabajo

1 Competencia pragmática

1.1. Competencia discursiva

Cartas de recomendación

1. **2.** Alabar o elogiar a un sujeto para darlo a conocer a un tercero; Recomendar un producto, una empresa, un trabajador.

2. POSITIVOS: ágil, independiente, despierto, activo, innovador, intachable, íntegro, trabajador. NEGATIVOS: ineficaz, sin iniciativa, apático, tozudo, impuntual, pasota, maleducado.

Cómo escribir una carta de recomendación

1. Dependiendo del nivel de dominio de lengua del alumnado se les ofrecerán los términos para completar la carta y ellos tendrán que decidir en qué lugar serían adecuados semánticamente.

> Señores:
>
> Tengo el placer/gusto de recomendarle al portador de la presente, Antonio Robles, quien acaba de finalizar/terminar sus estudios de Gerencia, y desea empezar a trabajar como auxiliar de contabilidad, o actividad semejante/similar, en alguna empresa/compañía en Madrid.
>
> Sus referencias, tanto de sus aptitudes profesionales como de su capacidad laboral son magníficas.
>
> Es un joven educado en un ambiente intachable y, por sus habilidades, considero que tiene un gran/magnífico porvenir.
>
> Le quedaría sumamente agradecido si pudiese usted ofrecerle un puesto en su oficina. En caso negativo/contrario, le agradecería que no olvidase la presente carta/recomendación.
>
> Le anticipo mi agradecimiento por todo lo que usted haga por mi recomendado.
>
> Reciba mis saludos cordiales y recuerde que siempre estaré a su disposición.
>
> Sevilla, 23 de agosto 20__
>
> Alfredo Manrique

2. Pregunta con respuesta abierta.

2 Competencia lingüística

2.1. Competencia léxica

La nómina

1.

El pago que efectúa un empresario a un empleado como compensación por su trabajo. Efectos liberatorios.	Se especifica en varios apartados las diferentes secciones que componen el pago para facilitar el entendimiento de la nómina. Efectos comprensivos.

ACTIVIDADES

1.

Verbo		Sustantivo
Cotizar	➡	Cotización
Remunerar	➡	Remuneración
Retribuir	➡	Retribución
Liquidar	➡	Liquidación
Devengar	➡	Devengo
Deducir	➡	Deducción
Retener	➡	Retención
Percibir	➡	Percepción

2. **1.** g; **2.** b/h; **3.** b/h; **4.** d; **5.** a; **6.** e; **7.** f; **8.** c.

3. **1.** c; **2.** g; **3.** i; **4.** e; **5.** d; **6.** f; **7.** a; **8.** h; **9.** b.

4. **1.** Total devengado: cantidad correspondiente a la suma del salario base, las pagas extras, el plus de transporte, etc.; **2.** Líquido total a percibir: suma resultante de aplicar los devengos y las deducciones o salario neto; **3.** Encabezamiento: información personal sobre los datos de la empresa y del trabajador; **4.** Devengos: percepción salarial antes de aplicar los impuestos; **5.** Total a deducir: la suma resultante tras aplicar el porcentaje sobre el IRPF; **6.** Periodo de la liquidación: fecha de inicio y final correspondiente a un mes laboral, especificando el número de días trabajados; **7.** Deducciones: descuentos producidos por la aplicación de impuestos tales como la S.S., desempleo, contingencias comunes, etc.

5. Nómina es el único término que no guarda relación con el concepto de recibir una cantidad de dinero por un trabajo realizado.

6. Comisión de apertura y comisión de cancelación.

3 Competencia sociolingüística

3.1. | Registros

Anuncios de trabajo y perfil del candidato

1. **A.** 4; **B.** 2; **C.** 3; **D.** 5; **E.** 1.

2. SELECCIONADOR: Predecir su rendimiento en el puesto de trabajo; Descubrir si puede, sabe y quiere ocupar el puesto; Averiguar si es adecuado o idóneo para el puesto; Averiguar el potencial del candidato; Obtener información sobre las capacidades y aptitudes; Averiguar los puntos débiles a nivel personal y profesional. CANDIDATO: Demostrar que sabe, puede y quiere lo requerido por el perfil del puesto de trabajo; Probar que está realmente interesado y motivado; Demostrar su competencia laboral para el puesto; Causar una impresión positiva; Tener una buena actitud y gustar; Mostrar seguridad y confianza en sí mismo.

3. Pregunta con respuesta abierta. Ofrecemos a continuación un artículo de *El País Negocios* que puede dar ideas relacionadas con el tema.

El perfil profesional que viene:
Los 'cazatalentos' ven una "nueva escala de valores" en los candidatos

BORJA VILASECA

NEGOCIOS - 22-03-2009

■ Crisis. Crisis. ¡Crisis! Sin duda, se trata de una de las palabras más repetidas en los últimos meses. "La paradoja es que cuanto más se habla de ella, más inmovilidad genera, sobre todo porque suele orientar a los interlocutores a pensar en cuestiones que escapan de su control", afirma Marta Romo, socia de la consultora InnoPersonas, especializada en acelerar los procesos de innovación en la gestión de las personas.

Eso sí, "lenta y progresivamente, cada vez más directivos están viendo la situación económica actual como una oportunidad para hacer crecer y evolucionar a sus empresas", sostiene. Para lograrlo, "es necesario apostar por una formación que incluya y potencie el autoconocimiento y el desarrollo personal de los ejecutivos". No en vano, "la cultura organizacional de cualquier compañía, así como sus resultados de satisfacción emocional y bienestar económico, suele ser un reflejo muy fiel de la mentalidad de la mayoría de los miembros que forman parte de una empresa".

De ahí que "uno de los cambios más profundos vaya a producirse en el área de la selección de colaboradores, mandos intermedios y altos directivos", señala Romo. Y concluye: "Para redireccionar la función de las organizaciones en la sociedad actual, no queda más remedio que recuperar los valores y principios que posibilitan saciar las verdaderas necesidades humanas de forma coherente, eficaz y sostenible".

En esta misma línea reflexiona Paco Muro, director de la consultora de recursos humanos Otto Walter. "La mediocridad y la docilidad de los colaboradores ya no está permitida", afirma el autor de *El pez que no quiso evolucionar* (Empresa Activa). "Ahora se necesitan personas autónomas y con iniciativa, lo suficientemente valientes para decir lo que piensan y proponer nuevas soluciones a los problemas que venimos arrastrando en los últimos años". En opinión de Muro, "las habilidades técnicas y las aptitudes profesionales ya no son lo más importante; ahora lo que se busca son las competencias emocionales, lideradas por la actitud positiva y proactiva". De ahí que "en vez de valorarse solamente las titulaciones académicas y la experiencia profesional, también se aprecia cada vez más que los candidatos atesoren otro tipo de bagaje, como puede ser la formación emocional y la colaboración en proyectos solidarios", señala Muro. Y concluye: "A la hora de seleccionar, no hay nada más atractivo que una persona esté bien consigo misma y traiga la motivación y el entusiasmo de casa".

Lo cierto es que "para que los colaboradores puedan aportar su granito de arena en la organización, se requiere un cambio de mentalidad de los mandos intermedios", más conocidos como jefes. "Los jefes de hoy ya no pueden mandar pensando en sus deseos y expectativas, sino que han de aprender a servir, empatizando con las necesidades de sus colaboradores", concluye Muro.

Como no podía ser de otra manera, los cambios también están afectando a la cima de las organizaciones. "Más allá de gestionar, lo que se busca, y casi desesperadamente, es la habilidad de liderar, es decir, de inspirar proyectos basados en el cambio permanente, de manera que se extienda la cultura del aprendizaje en toda la organización", afirma Ignacio Bao, presidente de la firma internacional de *cazatalentos* Bao & Partners. "El objetivo es que las personas que lleguen a lo más alto correspondan con dicha posición, lo que se sabe cuando existe una verdadera vocación de servicio y contribución".

"Hoy en día es esencial que el candidato cuente con la inteligencia emocional suficiente para que la firma conquiste el éxito más allá del éxito: lograr que los resultados económicos estén alineados con el bienestar emocional de todos los miembros de la organización, desarrollando productos y servicios que verdaderamente mejoren la calidad de vida de los clientes".

En opinión de Joaquín Borrás, "esta nueva escala de valores en la selección es imparable". Y lo dice por experiencia propia. Y concluye: "Dado que las personas que están arriba marcan la cultura del resto de la organización, es imprescindible que lideren primeramente a través de su propio ejemplo".

Cuestión de autoestima

"Para cambiar los resultados que obtenemos como empresas hemos de promover un cambio profundo en nuestra manera de pensar", señala Marta Romo, "Solo así se puede ir más allá de lo que nos es conocido para crear culturas organizacionales a la altura de las exigencias y desafíos que se avecinan".

Por tanto, "a la hora de contratar a un empleado, sea como colaborador, mando intermedio o directivo, la persona ha de demostrar cierta consciencia, madurez y responsabilidad". Y "no hay nada que revele más la auténtica inteligencia emocional que conocer en qué basa el candidato su autoestima". "Existe la denominada autoestima del sabelotodo, que basa su valor como ser humano en contar siempre con las respuestas correctas, poniéndose a la defensiva cada vez que escucha información nueva". Estos profesionales "suelen estar condenados al estancamiento; difícilmente generarán valor añadido". Sin embargo, "en el acto de humildad que implica afirmar que no se sabe, está el inicio del desarrollo personal de los profesionales". Al basar su autoestima en "querer aprender", se convierten en "verdaderos escépticos, explorando lo que desconocen para dejar de ser lo limitados que creen ser y convertirse en quienes pueden llegar a ser. Así, su creatividad e innovación es ilimitada".

4 Competencia sociocultural

4.1. Competencia cultural

Tipos de contratos más comunes en España

ACTIVIDADES

1. Ideas	derechos	deberes
1. No desempeñar un trabajo igual para otras empresas que realicen la misma actividad.		X
2. Igualdad en el acceso en el puesto de trabajo.	X	
3. Recibir cursos de formación y promoción organizados por la empresa.	X	
4. Cumplir las órdenes e instrucciones del empresario o de un superior.		X
5. Respeto a la intimidad y protección a la integridad física del trabajador.	X	
6. Recibir el salario acordado puntualmente.	X	
7. Contribuir a mejorar la producción de la empresa.		X
8. Analizar y estudiar las medidas de seguridad e higiene laborales adoptadas por la empresa.		X
9. Conocer y llevar a cabo las obligaciones concretas del puesto de trabajo según los principios de la buena fe y diligencia.		X

ACTIVIDADES

1. Instituto Nacional de Empleo (INEM): oficina donde deben presentarse los contratos firmados por el trabajador y la empresa; Convenio: acuerdo entre dos o más partes sobre una misma cosa; Jornada completa: número de horas obligatorias que hay que trabajar a la semana. En España son 40 horas semanales; Subvención: contribuciones económicas que generalmente hace el Estado a las empresas para apoyarlas en sus actividades, compensarlas de una pérdida, cambio de contrato,

etc.; Indemnización: compensación económica por el daño o el perjuicio que ha sufrido una persona física o jurídica como consecuencia de un siniestro, accidente, despido improcedente, etc.; Rescisión de contrato: cese de una actividad o dejar sin efecto un contrato u obligación por decisión de una o ambas partes.

2. Juan trabaja los fines de semana, que son los días de mayor afluencia de público en unos grandes almacenes, y así cubre las necesidades intermitentes de la empresa para la que ofrece sus servicios. Contrato por circunstancias de la producción; Antonio acaba de finalizar su formación académica y está realizando un trabajo adecuado a su nivel de estudios. Contrato en prácticas; Pedro trabaja en una fábrica de juguetes pero solamente de septiembre a diciembre, ya que se necesita más mano de obra para atender la fuerte demanda de estos artículos. Contrato por circunstancias de la producción; Carmen es profesora de francés y en este momento está sustituyendo a una colega que se encuentra en el hospital por un accidente. Contrato de interinidad; Petra es profesora de español y ha sido contratada por una empresa exportadora para que diseñe un curso de interculturalidad hispano-alemana. Contrato por obra o servicio determinado; Teresa piensa comprarse un piso, ya que la empresa donde trabaja le ha ofrecido un nuevo tipo de contrato que le va a dar más seguridad laboral y económica en el futuro. Contrato indefinido.

3. ¿Cuál se adaptaría mejor a tus circunstancias personales? Respuesta abierta; ¿Cuál ofrece más ventajas a los trabajadores? El indefinido, pues oferta estabilidad laboral y económica; ¿Cuál ofrece más ventajas a los empresarios? No hay ningún tipo de contrato que ofrezca más ventajas en sí mismo. Todo dependerá de las circunstancias del empresario y del tiempo que necesite contratar a los empleados; ¿Cuál es el más fácil de rescindir? Tanto el de interinidad como el de circunstancias de la producción suponen una duración corta y específica. ¿Cuál compromete más a los empresarios? El indefinido pues tendrá que indemnizar al trabajador por despido improcedente o cierre de la empresa.

4.2. Comprensión auditiva

 Transcripción del texto

Pista 3 **Concha:** Buenas tardes, Don Hipólito. Querría consultarle algunas dudas sobre el contrato que me hizo mi empresa, pues lo firmé sin leerlo detenidamente.

Hipólito: Muy bien, usted dirá.

Concha: Bueno. La primera pregunta está relacionada con mi categoría laboral en mi contrato, donde consta que desempeño funciones de auxiliar administrativo, cuando en el momento de la entrevista y según el anuncio que esta empresa publicó solicitaba un administrativo, por lo cual creo que estoy percibiendo menos salario del que corresponde a mi categoría profesional.

Hipólito: En este caso será la empresa y los representantes de los trabajadores los que establezcan el sistema de clasificación profesional de los trabajadores por medio de categorías o grupos profesionales. Para especificar un grupo profesional se deben tener en cuenta las aptitudes profesionales, titulaciones y contenido general de la prestación. Se podrán incluir tantas categorías profesionales diversas como funciones o especialidades profesionales distintas haya en la empresa.

Concha: Perdón. ¿Podría aclararme todos estos conceptos?

Hipólito: Sí. Tal y como le he dicho anteriormente es la empresa junto con los representantes de los trabajadores la que establece previamente las funciones que corresponden a cada categoría profesional, por lo tanto usted debería haberse informado antes de firmar el contrato qué funciones le corresponden a su categoría. ¿Qué más desea usted consultarme?

Concha: A veces en ciertos periodos determinados del año mi trabajo no termina a la hora establecida en el contrato y tengo que quedarme en la oficina hasta las diez o las once de la noche. Estas horas no aparecen en mi nómina como plus de nocturnidad.

Hipólito: Sigo basándome en el Estatuto de los Trabajadores que dice que el trabajo nocturno es el realizado entre las diez de la noche y las seis de la mañana, con lo cual usted solamente tendría derecho a recibir un plus de nocturnidad por las horas en las que haya realizado su trabajo después de las diez, que es cuando empieza la jornada nocturna. Lamentablemente en su caso la empresa actúa de una forma correcta.

1. b; **2.** a; **3.** b; **4.** c.

 5 **Competencia intercultural**

5.1. Situaciones y dudas laborales

En esta unidad hemos trabajado el aspecto del conocimiento del mundo que el alumno tiene para que contraste las similitudes y las diferencias de ciertos aspectos laborales entre España y su país de origen. Según el MCER, el conocimiento sociocultural, estrictamente hablando, el conocimiento de la sociedad y de la cultura de la comunidad o comunidades en las que se habla el idioma, es un aspecto del conocimiento del mundo. Sin embargo, tiene la importancia suficiente como para merecer la atención del alumno, sobre todo porque, al contrario que muchos otros aspectos del conocimiento, es probable que no se encuentre en su experiencia previa y puede que esté distorsionado por los estereotipos.

Las características distintivas de una sociedad concreta y de su cultura se pueden relacionar, por ejemplo, con:

1. *La vida diaria.* Por ejemplo, días festivos, horas y prácticas de trabajo, etc.

Nosotros hemos añadido otros aspectos relacionados con el conocimiento sociocultural y empresarial tales como las causas del despido, periodo de vacaciones, baja por maternidad, cotizaciones, salarios, etc.

Una vez que el alumno sepa los rasgos que definen estos aspectos laborales deberá contrastar con las características de esos mismos aspectos en su país y, de esta manera, sacar conclusiones propias sobre las áreas en las que es probable que se puedan producir choques culturales.

1 Competencia pragmática

1.1. Competencia discursiva

Cartas de empleo o presentación

ACTIVIDADES

1. Carta A: respuesta a una oferta de trabajo; Carta B: oferta personal a una empresa o candidatura.

2. **Carta A:** el candidato ofrece sus servicios ya que su perfil profesional encaja con el perfil requerido por la empresa; **Carta B:** el candidato da más información sobre sí mismo ya que no hay una oferta concreta de empleo.

3. b, e, g.

4. **1.** j; **2.** i; **3.** f; **4.** a; **5.** d; **6.** c; **7.** e; **8.** g; **9.** b; **10.** h.

5. Estimados señores:

    Me dirijo a ustedes en relación al anuncio publicado en *el País* del día 5 del presente, en el que solicitan un programador.

    Como comprobarán al leer el CV adjunto, mi formación y experiencia corresponden a este tipo de puesto, ya que poseo el título requerido y he ocupado el puesto de diseñador de programas en una empresa internacional durante ocho años.

    Quedo a su disposición para proporcionarles toda la información adicional que ustedes crean oportuno.

    En espera de su respuesta, les saluda atentamente,

    Juan Alberto Cino

6. **1.** e; **2.** c; **3.** f; **4.** a; **5.** h; **6.** d; **7.** j; **8.** i; **9.** b; **10.** g.

7. Pregunta con respuesta abierta.

El currículum vitae

1. Primer currículum: currículum vitae cronológico; Segundo currículum: currículum vitae funcional.

2. En los casos en los que el aspirante a un puesto de trabajo no tiene experiencia se recomienda hacer uso del CV cronológico.

3. Pregunta con respuesta abierta.

2 Competencia lingüística

2.1. Competencia léxica

Cargos y puestos de trabajo. Profesiones

1. oritano: notario; cotánibo: botánico; rojeca: cajero; tablecon: contable; coplodimáti: diplomático; misconoeta: economista; runojaci: cirujano; ditore: editor; distaesta: estadista; porterero: reportero; yerojo: joyero; catebliobirio: bibliotecario; tivitorcul: viticultor; cutaliso: oculista.

2. **1.** g; **2.** i; **3.** a; **4.** e; **5.** h; **6.** d; **7.** j; **8.** c; **9.** f; **10.** b.

3. **a.** Vestido formalmente, arreglado; **b.** Quiosco; **c.** Saber mucho de algo; **d.** Posiciones; **e.** Lugar; **f.** Ya que, porque.

4. **1.** b; **2.** a; **3.** h; **4.** i; **5.** j; **6.** c; **7.** e; **8.** d; **9.** f; **10.** g.

3 Competencia sociolingüística

3.1. Registros

Modismos y expresiones relacionados con el mundo laboral

1. REGISTRO FORMAL: labor, nómina, salario, jornada laboral, bufete, equivalencia de salarios, incentivos, pagas extra, pago por resultados, sectores productivos, mano de obra, carrera profesional; REGISTRO INFORMAL: currar, pasta, meter bulla, echar el jornal, mono, tapar los agujeros, pringao, de sol a sol.

   Nota.- *Sueldo, horario, contrato, encargado, fichar, sindicato* y *paga*. Todos los conceptos anteriores pertenecen al léxico del mundo laboral y a un registro estándar.

1. a: echar el jornal; **2. b:** equivalencia de salarios; **3. c:** fichar; **4. d:** paga extra; **5. e:** mano de obra.

2. **1.** i; **2.** d; **3.** a; **4.** e; **5.** h; **6.** g; **7.** f; **8.** c; **9.** b.

Situación 1: A quien madruga Dios le ayuda; Situación 2: Sin oficio ni beneficio; Situación 3: Hacer el agosto; Situación 4: Donde manda capitán no manda marinero; Situación 5: No hay mejor lotería que el trabajo y la economía; Situación 6: Dicho y hecho; Situación 7: Cada maestrillo tiene su librillo; Situación 8: Zapatero a tus zapatos; Situación 9: Quien mucho abarca poco aprieta.

3. Pregunta con respuesta abierta.

4 Competencia sociocultural

4.1. Competencia cultural

La entrevista de trabajo

1. La higiene, el lenguaje no verbal, la entonación, etc.

2. Es un trabajo: diferente, apasionante, fácil, difícil, original, estimulante, creativo, peligroso, comprometido, interesante; Es una profesión/trabajo que requiere/necesita: seriedad, capacidad organizativa, flexibilidad, movilidad, creatividad, sentido de la responsabilidad, iniciativa, dinamismo, profesionalidad, eficacia (cualidades personales); Para este trabajo/profesión se necesita/requiere: experiencia, saber idiomas, coche propio, don de gentes, vivir en el extranjero, formación académica, carné de conducir, licenciatura, conocimientos de informática, movilidad (destrezas).

3. Errores del entrevistador: **1.** Muestra descortesía hacia el entrevistado al afirmar que no tiene tiempo para la entrevista; **2.** No ha leído el currículum adecuadamente ya que afirma que el entrevistado habla más idiomas de los que realmente domina. Errores del entrevistado: **1.** Expresa poco interés, ya que afirma estar ahí porque no ha conseguido un puesto que le interesaba anteriormente; **2.** Afirma tener muchos puntos fuertes, pero solo personales y no comenta nada de los profesionales, lo cual puede provocar no ser valorado por la empresa; **3.** Habla de aspectos muy personales que no son significativos para el puesto de trabajo y da una respuesta más larga de lo que debería; **4.** El entrevistado espera una respuesta inmediata tras la entrevista aun habiéndosele comunicado que se le daría más tarde.

4.2. Comprensión auditiva

 Transcripción del texto

Pista 4 **Honorato:** ¡Buenas tardes, doña Genoveva! Soy Honorato Bailén, director de Recursos Humanos. Siéntese usted, por favor.

Genoveva: ¡Buenas tardes! ¡Muchas gracias!

Honorato: ¡Qué calor hace hoy! ¿Verdad?

Genoveva: Sí. En esta época del año, el tiempo es bastante variable.

Honorato: Tal y como he visto en su currículum usted estudió aquí en Granada la diplomatura de Turismo y después pasó dos años en Edimburgo trabajando en el hotel El paraíso de los Cile. ¿Me podría decir exactamente en qué consistía su trabajo en dicho hotel?

Genoveva: Cómo no. Al principio me asignaron las tareas de recepcionista, ya que mis conocimientos del inglés y del alemán eran adecuados para ejercer dicha labor. Después de los seis primeros meses apareció una vacante en el mismo hotel como jefa de recepción.

Honorato: Ya veo. Y ¿cuál era su función en ese puesto? ¿Cuántas personas tenía a su cargo?

Genoveva: Entre otras cosas, tenía que establecer horarios y turnos de trabajo cíclicamente. Además, tenía que supervisar y asegurar el buen funcionamiento de mi área. Otra función era la toma de decisiones sobre las quejas y reclamaciones efectuadas por los clientes.

En cuanto a las personas que tenía a mi cargo, al principio contaba con una plantilla de ocho pero al final me asignaron trece.

Honorato: ¿Qué es lo que le agradaba de su puesto?

Genoveva: La verdad es que casi todo. En especial, la responsabilidad y el trato con clientes de diferentes nacionalidades y, al mismo tiempo, con mis propios compañeros de trabajo.

Honorato: ¿Y qué aportó usted a ese puesto desde su punto de vista?

Genoveva: Por un lado dinamismo, ya que no me gustaba que se vieran síntomas de apatía en los trabajadores. Intentaba hacerles ver la importancia de estar motivado y de la satisfacción de hacer bien el trabajo. Por otro lado, aporté creatividad, pues buscaba permanentemente diversas maneras de conseguir que el cliente se fuera siempre satisfecho de nuestro hotel, dado que las exigencias varían dependiendo de la nacionalidad en algunas ocasiones.

Honorato: ¿Por qué dejó usted su anterior puesto de trabajo?

Genoveva: Bien, la verdad es que no estaba del todo convencida al principio, pero luego pensé que después de dos años en el extranjero había adquirido experiencia suficiente para enfrentarme a nuevos retos.

Honorato: ¿Cuáles son sus objetivos laborales a corto y largo plazo?

Genoveva: A corto plazo mi objetivo principal sería conocer mejor el funcionamiento y la cultura corporativa de su compañía. A largo plazo, me propongo ir evolucionando en mi carrera profesional.

Honorato: Estupendo. Tendrá noticias nuestras muy pronto. Ha sido un placer haber contado con usted.

Genoveva: Igualmente. Muchas gracias.

1. Hablando del tiempo.

2. Recepcionista y jefa de recepción. Sus funciones eran:
   – Establecer horarios y turnos de trabajo.
   – Supervisar y asegurar el buen funcionamiento de su área.
   – Tomar decisiones sobre las reclamaciones de los clientes.

3. La responsabilidad y el trato con clientes y compañeros de trabajo.

4. Dinamismo, motivación y creatividad.

5. A corto plazo conocer mejor el funcionamiento y la cultura corporativa de su compañía. A largo plazo evolucionar en su carrera profesional.

5 Competencia intercultural

5.1. La asesoría intercultural

En esta actividad nos propusimos tratar el área de las destrezas y las habilidades que debería asimilar el estudiante en relación a la entrevista laboral. Al analizar casos en los que algunos aspirantes extranjeros habían realizado una entrevista laboral para acceder a un puesto de trabajo pudimos observar que se habían producido malentendidos y choques culturales en el curso de la entrevista entre estos estudiantes y los entrevistadores españoles.

Como consecuencia de estas situaciones y tratando de mejorar las capacidades de los candidatos, decidimos trabajar en el área de las destrezas y las habilidades interculturales, incluyendo los siguientes apartados que el MCER propone:

— La capacidad de relacionar entre sí la cultura de origen y la cultura extranjera.

— La sensibilidad cultural y la capacidad de identificar y utilizar una variedad de estrategias para establecer contacto con personas de otras culturas.

— La capacidad de cumplir el papel de intermediario cultural entre la cultura propia y la cultura extranjera y de abordar con eficacia los malentendidos interculturales y las situaciones conflictivas.

— La capacidad de superar relaciones estereotipadas.

Los referentes para la elaboración de la actividad están también basados en las sugerencias del MCER:

— Qué papeles y funciones de intermediario cultural tendrá que cumplir el alumno, cómo se le capacitará para ello o qué se le exigirá al respecto.

— Qué características de las culturas propia y extranjera tendrá que distinguir el alumno, cómo se le capacitará para ello o qué se le exigirá al respecto.

— Qué se le puede ofrecer al alumno para que experimente la cultura objeto de estudio.

— Qué posibilidades tendrá el alumno de actuar como intermediario cultural.

Tarea final

Como material complementario para esta unidad hemos considerado que podría ser interesante definir los rasgos o las características más importantes de diferentes tipologías de entrevistas laborales. Algunas de ellas serían las siguientes:

1. Entrevista estructurada/preparada:

En una entrevista estructurada, el entrevistador explora ciertas áreas predeterminadas usando las preguntas que se han escrito por adelantado.

El entrevistador tiene una descripción escrita de la experiencia, de las habilidades, y de los rasgos de la personalidad de un candidato ideal. Su experiencia y habilidades se comparan a las tareas específicas del trabajo.

Este tipo de entrevista es muy común y las entrevistas más tradicionales se basan en este formato.

2. Entrevistas múltiples:

En la entrevista inicial, el representante procura generalmente conseguir la información básica sobre sus habilidades y capacidades.

En entrevistas siguientes, el énfasis se pone en cómo realizaría usted el trabajo en lo referente a las metas y a los objetivos de la compañía.

Después de que se terminen las entrevistas, los entrevistadores resuelven y reúnen su información sobre sus calificaciones para el trabajo.

3. Entrevista de tensión:

Por entrevistas de tensión nos referimos al empleo de modos de actuar durante la entrevista y al uso de generadores de tensión en el candidato.

La manera de crear la situación de tensión se puede inducir de diferentes maneras y por diferentes métodos: criticar sus opiniones acerca de algunos temas, interrumpir al entrevistado, guardar silencio durante un largo periodo de tiempo después de que el candidato haya acabado de hablar.

4. Entrevista circunstancial:

Se fijan situaciones sobre las cuáles se simulan los problemas comunes que puede encontrar en el trabajo.

Sus respuestas a estas situaciones se miden con estándares predeterminados. Este acercamiento se utiliza a menudo más como una parte de una entrevista tradicional que como formato completo de la entrevista.

Como actividad complementaria se pueden usar las entrevistas laborales utilizadas en esta unidad. Así los alumnos pueden identificar de qué tipo de entrevista se trata o bien que en grupos elijan un tipo determinado y hagan una simulación en la que se reflejen las características más importantes de la entrevista laboral que se le haya asignado.

UNIDAD 5

El comercio

1 Competencia pragmática

1.1. Competencia discursiva

Cartas comerciales II

ACTIVIDADES

1. **1.** d; **2.** e; **3.** f; **4.** b; **5.** a; **6.** c.

2.

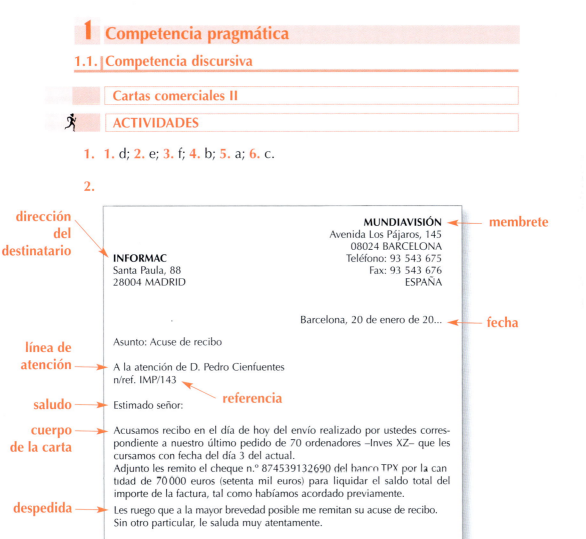

dirección del destinatario

membrete

MUNDIAVISIÓN
Avenida Los Pájaros, 145
08024 BARCELONA
Teléfono: 93 543 675
Fax: 93 543 676
ESPAÑA

INFORMAC
Santa Paula, 88
28004 MADRID

Barcelona, 20 de enero de 20...

fecha

Asunto: Acuse de recibo

línea de atención

A la atención de D. Pedro Cienfuentes
n/ref. IMP/143

referencia

saludo

Estimado señor:

cuerpo de la carta

Acusamos recibo en el día de hoy del envío realizado por ustedes correspondiente a nuestro último pedido de 70 ordenadores –Inves XZ– que les cursamos con fecha del día 3 del actual.
Adjunto les remito el cheque n.º 874539132690 del banco TPX por la cantidad de 70 000 euros (setenta mil euros) para liquidar el saldo total del importe de la factura, tal como habíamos acordado previamente.

despedida

Les ruego que a la mayor brevedad posible me remitan su acuse de recibo.
Sin otro particular, le saluda muy atentamente.

firma, nombre y cargo del remitente

Andrés Pomelo Días
Jefe del Dpto. de compras

iniciales de identificación

APS/jc
Anexo: un cheque del banco TPX, n.º 874539132690

3.

```
                                                        Mercamóm, S,A
                                               C/ Juan Ramón Jiménez, 123
   Intermás, S.L.                                           40004 Segovia
   C/ Plaza Blanca,13                               Teléfono 921 345 876
   29001 Málaga                                       Fax:  921 345 867
                                                  mercamon@hotmail.com



   Asunto: Acuse de recibo de mercancías
   A la atención del Departamento de Ventas.

   Estimados señores:
   ...........................................................................................
   ...........................................................................................
   ...........................................................................................
```

4. s/ref.: su referencia; admón.: administración; e/. : envío; G./P. : giro postal; fra.: factura; Bco.: banco; E/cob.: efecto a cobrar; Fdo.: firmado; P.V.P.: precio venta al público; ext.: exterior.

5. por autorización: P.A.; cuenta corriente: cta.cte, c/c; documento: doc.; en propia mano: E.P.M.; aceptación: acept.; mi favor: m/f.; duplicado: dupl.; apartado postal: Apdo.

2 Competencia lingüística

2.1. Competencia léxica

Los términos comerciales internacionales: Incoterms

ACTIVIDADES

1.

	SÍ	NO
1. El embalaje adecuado o no de la mercancía.		X
2. El lugar donde se debe realizar la entrega de la mercancía.	X	
3. Delimitación de quién paga el transporte de la mercancía.	X	
4. Asegurarse de la legalidad de la mercancía transportada.		X
5. Asegurarse de que la mercancía enviada es la correcta en cuanto a cantidad de unidades.		X

	SÍ	NO
6. La documentación necesaria que el transportista debe llevar al cruzar la aduana.	X	
7. Delimitar en qué momento de la entrega se transfieren responsabilidades entre el vendedor y el comprador.	X	
8. Especificar quién asume los riesgos de transporte de la mercancía.	X	
9. Gestionar la documentación necesaria del exportador al importador.	X	
10. Especificar la forma de pago.		X

2. Caso 1: EXW (franco fábrica); Caso 2: FOB (franco a bordo); Caso 3: DAF (entrega en frontera).

3.

INCOTERM	marítimo	terrestre	multimodal
EXW			X
FOB	X		
CIF	X		
DAF		X	

Nota.- DAF suele emplearse únicamente para el transporte terrestre, aunque también podría utilizarse para otros tipos de transporte.

3 Competencia sociolingüística

3.1. Registros

El comercio y sus componentes

ACTIVIDADES

1.

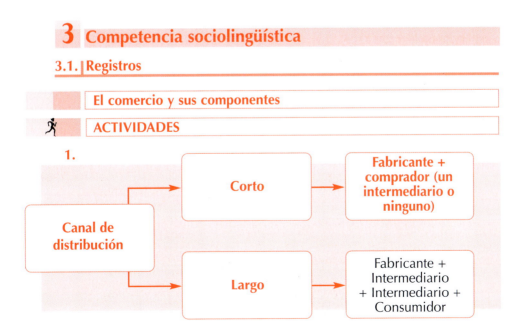

2.

PRODUCTO	CANAL DE DISTRIBUCIÓN	TIPO DE BIENES
Un par de zapatos.	largo	consumo
Una máquina para hacer masa de pan.	corto	equipo
Un frigorífico.	largo	consumo
Un kilo de patatas.	largo	consumo
Una mesa.	largo	consumo
Una grúa.	corto	equipo
Una empacadora.	corto	equipo
Unos pantalones.	largo	consumo
Un kilo de tomates.	largo	consumo
Una botella de aceite.	largo	consumo

3.

CONCEPTO	TÉRMINO
Una máquina para uso industrial.	Bienes de equipo.
Ganar dinero.	Fines lucrativos.
El recorrido.	Canal de distribución.
Lo más simple posible. No me gusta que pasen por un circuito con muchos intermediarios.	Canal corto.
Productos en grandes cantidades.	Venta al por mayor.

CONCEPTO	TÉRMINO
Lleva los productos del fabricante al vendedor.	Intermediario.
Tomates.	Bienes de consumo.
Aunque duran poco.	Perecederos.
Televisores, que nunca se pasan.	No perecederos.

ACTIVIDADES

1. **1.** c; **2.** d; **3.** a; **4.** b; **5.** g; **6.** h; **7.** f; **8.** e.

2. **a.** agente inmobiliario; **b.** corredor de buques; **c.** agente de seguros; **d.** agente de cambio y bolsa; **e.** agente de aduanas.

3. **a.** agente de cambio y bolsa; **b.** concesionario; **c.** representante; **d.** agente inmobiliario; **e.** corredor de seguros.

4 Competencia sociocultural

4.1. Competencia cultural

Las ferias internacionales en España

1. **1.** c; **2.** d; **3.** b; **4.** e; **5.** a.

2. Una feria especializada para conocer los productos de la competencia y ver los puntos fuertes y débiles de los suyos propios. Si el objetivo fuera ampliar la cartera de clientes y promocionar más sus productos y facilitar la internacionalización de la empresa, además de aumentar las ventas, en ese caso sería muy beneficioso asistir a una feria comercial.

Motivos para concurrir a una feria

3.	V	F
1. Descubrir las formas de operar de la competencia.	X	
2. Seleccionar a agentes que sean futuros representantes de la compañía.	X	
3. Encontrar nuevos proveedores que faciliten la internacionalización de la empresa.	X	
4. Aumentar la venta de los productos.	X	
5. Mostrar y comparar lo que se fabrica a clientes extranjeros.	X	

	V	F
6. Organizar a las personas que deseen exponer sus productos.		X
7. Entrar de una forma indirecta en los mercados poco accesibles.	X	
8. Establecer nuevos contactos.	X	

4. PERSONAL: imagen (vestimenta, etc.), formación/idiomas, citas y reunio-nes…; PRODUCTO: producto estrella, diseño, *stock* adecuado…; *STAND/PABELLÓN*: coste del alquiler, decoración/mobiliario…; PROMOCIÓN: octavillas/folletos, vídeos/anuncios, obsequios (llaveros, bolígrafos, etc.).

5. **a.** Es una feria especializada/exposición o muestra institucional; **b.** Más de 12 000; **c.** Representa en torno al 11% del PIB y el 12% del empleo; **d.** Jordania, Tailandia, Palestina e Israel.

4.2. | Comprensión auditiva

🎧 Transcripción del texto

Pista 5 **Locutor:** ¡Buenos días! ¿Es la primera vez que su editorial participa en una feria internacional del libro?

Ignacio: Efectivamente, así es.

Locutor: ¿Qué motivos les impulsaron a participar en la feria?

Ignacio: Bien, la verdad es que los motivos han sido varios; el primero de ellos sería nuestra necesidad de ampliar mercados, el segundo estaría relacionado estrechamente con el primero pues consiste en ampliar nuestra cartera de clientes y, en tercer lugar, darnos a conocer en el mercado internacional, publicando libros en varios idiomas.

Locutor: Eso suena muy interesante señor. Me imagino que el proceso para decidir participar en una feria es largo y complicado.

Ignacio: No se equivoca usted en absoluto. La decisión supuso un largo proceso además de hacer un balance de los pros y los contras que ello podía suponer para nuestra empresa.

Locutor: Entonces me imagino que por su decisión final pesarían más en la balanza las ventajas que las desventajas.

Ignacio: Por supuesto que sí. Primero estuvimos observando algunos *stands* de otras editoriales para ver cómo estaban organizados en ferias anteriores, después nos informamos de cuál era el proceso burocrático para poder tomar parte en una Feria Internacional del Libro y del precio del alquiler del expositor. Luego nos informamos en una compañía de distribución sobre el precio del transporte de las mercancías así como de todo el mobiliario del que se compone el *stand,* finalmente hicimos un balance de costes y llegamos a la conclusión de que los beneficios y la expansión de la empresa tendrían más peso en este proceso que los gastos.

Locutor: ¿Cómo les está funcionando su primera experiencia en una feria internacional?

Ignacio: Pues por ahora el balance es positivo, ya que hemos logrado firmar acuerdos con librerías de varios países de Europa, así como de Latinoamérica y Asia. A esto lógicamente ayuda la expansión y el interés que la lengua española suscita en el mundo.

Locutor: Todo esto suena muy bien. Espero que al final la participación en la feria les haya aportado una grata y satisfactoria experiencia. Muchas gracias Sr. Ignacio.

Ignacio: Yo también lo espero así y confío en verles pronto.

1. a; **2.** b; **3.** a; **4.** b.

5 Competencia intercultural

5.1. El lenguaje no verbal

En esta unidad hemos intentado hacer hincapié en la importancia que el lenguaje no verbal puede tener en el ámbito profesional. Nos hemos centrado en una situación muy común en el mundo de los negocios como es el área de la negociación entre empresarios de diferentes culturas. En relación a la comunicación no verbal, en esta actividad hemos tratado concretamente las siguientes secciones que establece el MCER:

1. Cualidades prosódicas. El uso de estas cualidades es paralingüístico si conlleva significados que se han hecho convencionales (por ejemplo, relacionados con actitudes y estados anímicos), pero no pertenecen al sistema fonológico regular donde participan características prosódicas de longitud, tono, acentuación; por ejemplo:

cualidad de voz	(chillona, ronca, profunda, etc.)
tono	(quejumbroso, alegre, conciliador, etc.)
volumen	(susurro, murmullo, grito, etc.)
duración	(¡vaaaaaale!)

2. Lenguaje corporal. El lenguaje corporal paralingüístico se diferencia de los gestos y acciones que van acompañados de enunciados en que conlleva significados que se han hecho convencionales y que pueden variar de una cultura a otra. Por ejemplo, en muchos países europeos se usan:

— gestos (por ejemplo, el puño apretado para indicar «protesta»);

— expresiones faciales (por ejemplo, sonreír o fruncir el ceño);

— posturas (por ejemplo, dejarse caer pesadamente para indicar «desesperación» o sentarse inclinado hacia delante para expresar «interés entusiasta»);

— contacto visual (por ejemplo, un guiño de complicidad o una mirada fija de incredulidad);

— contacto corporal (por ejemplo, un beso o un apretón de manos);

— proxémica (por ejemplo, permanecer cerca o alejado).

UNIDAD 6
Publicidad y ventas

1 Competencia pragmática

1.1. Competencia discursiva

> Otros documentos comerciales: el albarán, la circular y el memorando

> ACTIVIDADES

1. Texto de Unitex, S.L: memorando; Texto de Edinumen: circular; Texto editorial ley y orden: albarán.

   Las características de estos tres documentos, así como sus diferencias en formato se pueden consultar en esta misma sección del libro del alumno. El lenguaje del memorando y de la circular es preciso y conciso y sirve para expresar una determinada información. El lenguaje del albarán es formal y refleja la acreditación de un servicio.

   En resumen, podemos decir que el lenguaje comercial se utiliza en una gran cantidad de documentos escritos.

   Como hemos comprobado, en general los documentos escritos, poseen una estructura e indicaciones predeterminadas, las cuales debemos conocer para una correcta redacción de dichos documentos. El lenguaje comercial, a su vez, se caracteriza por poseer un vocabulario concreto que pretende evitar ambigüedades y confusiones. Así pues, conociendo sus estructuras permite crear una redacción sencilla, concisa y breve.

2. CIRCULAR: 1, 5, 8; ALBARÁN: 2, 4, 9, 11, 12; MEMORANDO: 3, 6, 7, 10.

3. Pregunta con respuesta abierta.

4. Pregunta con respuesta abierta.

2 Competencia lingüística

2.1. Competencia léxica

> Las franquicias

1. **1.** b; **2.** c; **3.** a; **4.** e; **5.** d.

2. 1, 3, 5, 8.

3.

VENTAJAS	DESVENTAJAS
Abrir una franquicia me permite obtener más cuota de mercado. Franquiciante.	Establecer una franquicia es poner mi negocio en manos de empresarios que carecen de experiencia. Franquiciante.
Una franquicia supone un menor desembolso de capital y te permite correr menos riesgos. Franquiciado.	Una franquicia supone estar sometido a las normas establecidas por otros. Franquiciado.
Me siento más seguro porque me respalda un profesional experimentado. Franquiciado.	

3 Competencia sociolingüística

3.1. Registros

ACTIVIDADES

1. **a.** Los resultados monetarios se miden por medio del volumen de ventas del producto, por el territorio de ventas, por los vendedores, y a veces, por los clientes; **b.** En la factura de ventas se consigna generalmente la fecha de la operación, el nombre del cliente, y su localización geográfica, la descripción de la mercancía vendida, la cantidad vendida de unidades, el precio unitario y total, la fecha de despacho y recibo y algunas veces, las condiciones de pago; **c.** A partir de un análisis por ventas de productos podemos apreciar la importancia relativa de los clientes, se pueden tomar decisiones importantes de mercado y ventas, conocer la frecuencia de visitas de los vendedores, utilizar la promoción de ventas y aclarar las áreas que necesitan mayores esfuerzos; **d.** Un análisis comparativo por territorio de ventas nos permite conocer el grado de dificultad de las ventas comparativamente entre los territorios, fortalecernos ante la competencia en cada uno de ellos y conocer donde están las debilidades de la fuerza de ventas.

2. En este caso práctico el error de la compañía está en cómo ha enfocado el origen del problema, ya que lo ha buscado en la poca efectividad de los representantes mientras que no se han detenido a pensar en que se puede deber a la oferta de productos deficientes o bien a la realización de promociones poco acertadas para la compañía por los costes que acarreaban.

La empresa debería haber alcanzado un mejor balance en los beneficios obtenidos por producto y en el coste que suponen determinadas promociones basadas en ofertas y/o regalos al cliente.

3. La etapa de prospección se ha realizado en una fase anterior cuando, cualquiera de las instituciones públicas encargadas de dar información, tales como la Cámara de Comercio, le han facilitado al representante una lista de zapaterías localizando, de esta manera, al cliente potencial.

J.- ¡Buenos días! Soy José Bolla, represento a la compañía El Callo Malayo y me gustaría mostrarle la nueva gama de calzado para la nueva temporada. Etapa de contacto.

J.- La verdad es que en relación a la calidad-precio le estoy ofreciendo una ganga, porque son productos hechos a mano y con una piel de primerísima calidad. Hemos tenido en cuenta que la temporada pasada las ventas aumentaron en números grandes de señora en esta región y por lo tanto hemos incrementado la producción en lo concerniente a este punto. Etapa de presentación del producto.

J.- En caso de necesitar un producto tenemos un servicio urgente que no tarda más de un día en entregarlo. Los descuentos están relacionados con el volumen de compra y la fidelidad del cliente con la empresa. Se nota que usted es una buena comerciante y creo que nuestra relación comercial será larga y beneficiosa para los dos. Ha sido un placer y espero verla pronto. Contestar dudas y objeciones.

4. Pregunta con respuesta abierta.

4 Competencia sociocultural

4.1. Competencia cultural

La mercadotecnia (*marketing*) y sus componentes

ACTIVIDADES

1. **a.** Las definiciones de *marketing* desde el punto de vista del consumidor y del comerciante se complementan porque el comerciante oferta un producto que es demandado por el consumidor, por lo tanto, cubre sus necesidades; **b. Informar:** comunicando la existencia de nuevos productos o promociones, dando a conocer sus características, así como las ventajas y necesidades del cliente que satisface. **Recordar:** evitando que los usuarios habituales del producto sean tentados por la competencia

y consuman nuevas marcas; **c.** Sí, porque el *marketing* está formado por un conjunto de actividades que guardan una estrecha relación entre ellas. Los tres objetivos propuestos llevan a la elaboración de lo que se conoce como un plan de *marketing*.

2. **a.** La publicidad es un medio de promoción masivo y las relaciones públicas buscan la consolidación de la imagen de una empresa y/o marca entre grupos concretos; **b.** La publicidad y la promoción de ventas; **c.** La publicidad y la promoción de ventas. Ejemplos: tres productos al precio de dos, porcentajes elevados de descuento, *merchandising*, etc.; **d.** Productos farmacéuticos, de cosmética, del hogar, enciclopedias, etc.

Elementos complementarios del producto

3.
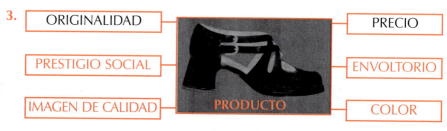

ORIGINALIDAD — PRECIO
PRESTIGIO SOCIAL — ENVOLTORIO
IMAGEN DE CALIDAD — PRODUCTO — COLOR

4. Pregunta con respuesta abierta.

5. Prensa: periódicos, suplementos semanales, publirreportajes; Radio: programas, publirreportajes; *Marketing* directo: buzoneo, circulares; Televisión: anuncios, patrocinio, publirreportajes; Otros: transporte público, Internet, marquesinas, ferias, octavillas, publicidad aérea.

6. Igualdad de género, independencia, libertad, etc.

7. Pregunta con respuesta abierta.

8. Es por la percepción que tenemos de cada marca, la cual se traduce en imágenes almacenadas en la memoria, y que tienen su origen en las distintas estrategias de comunicación lanzadas por las compañías en los diferentes soportes.

9. Pregunta con respuesta abierta.

10. Pregunta con respuesta abierta.

11. Pregunta con respuesta abierta.

12. a. Conocer a fondo los gustos de los españoles al decorar los dormitorios; **b.** Mejorar sus productos y adaptarlos a los gustos de los españoles; **c.** Porque es una herramienta rápida, útil y eficaz y permite dar a conocer productos, promociones y concursos creados por Ikea; **d.** Catálogos que se imprimen en 25 idiomas.

4.2. Comprensión auditiva

Transcripción del texto

Pista 6 **Locutora:** ¡Buenos días, queridos radioyentes! Bienvenidos, una vez más, a este programa radiofónico que versa sobre el mundo de la Economía.

Esperamos que los contenidos de hoy sean de su interés y les sirvan para su vida cotidiana.

Hoy, entre otros asuntos, trataremos de los siguientes temas:
1.- El protocolo de Kyoto.
2.- Las nuevas exigencias de las pymes.
3.- La Política Agraria Comunitaria.

Antes de empezar a tratar dichos temas en profundidad, vamos a dar paso a algunas promociones. Continúen con nosotros y no cambien de emisora.

Primera promoción:

Cuando usted se mira al espejo, ¿es feliz? ¿Está satisfecho con su imagen? ¿Le gustaría mejorar?

Pues no lo dude más. En los gimnasios Quién te ha visto y quién te ve podrá esculpir su cuerpo. Contamos con un grupo de especialistas que le asesorarán en cada momento sobre su dieta y los ejercicios más adecuados para sus necesidades.

Nuestros equipos están dotados de las más modernas tecnologías y nuestras instalaciones constan de *spa*, sauna finlandesa, modernas duchas y todo lo necesario para el confort y descanso después de una dura jornada laboral.

Anímese, cambie su vida y venga a visitarnos. Compruébelo usted mismo y dígaselo a sus conocidos. Este mes ofertamos dos inscripciones por el precio de una. Recuerde: gimnasios Quién te ha visto y quién te ve, lo mejor para su familia y usted.

Segunda promoción:

¿Usted cree que algo puede reunir todas estas cualidades? Fiable, rápido, económico, elegante, aerodinámico, cómodo, manejable, actual, moderno.

¿De qué piensa usted que estamos hablando? ¡Pues ha acertado! El nuevo CELEME SXP es lo que usted estaba buscando. Un coche adaptado a las nuevas exigencias del mercado. Para una persona que sabe lo que quiere y que no se conforma con cualquier cosa.

El nuevo CELEME SXP es capaz de adaptarse a todo tipo de terreno. Posee elevalunas eléctrico, cierre centralizado, *airbags* de serie, alarma antirrobo, tapicería de piel, GPS y lector de CD entre muchas otras cosas.

¿Quiere más? Pues le ofrecemos más, no empiece a pagar hasta los seis meses de la compra y después hágalo en cómodos plazos de 200 euros mensuales y sin intereses.

Visite nuestro concesionario en Avenida el Tortazo, sin número. Granada.

Locutora: Después de la publicidad, retomamos los asuntos del día, con un invitado de honor. D. Paco Merlo, experto en energías renovables. Buenos días D. Paco, me gustaría empezar con la siguiente pregunta: ¿Qué es el protocolo de Kyoto?

Paco Merlo: El protocolo de Kyoto constituye un tratado internacional que trata de buscar soluciones a un problema social, ambiental y económico, creando mecanismos de mercado que posibiliten el crecimiento sostenible en los países más desarrollados.

Locutora: ¿Afecta la contaminación de igual manera a todos los países?

Paco Merlo: Evidentemente, no. Los efectos perjudiciales de la contaminación atmosférica afectarán desproporcionadamente a los países más pobres con economías muy dependientes de los recursos naturales y de los sectores económicos vinculados con ellos.

Locutora: ¿Cuáles son las consecuencias del aumento de temperatura?

Paco Merlo: Las consecuencias del aumento de temperatura serán la reducción de alimentos a escala mundial, el aumento de la desertificación, la escasez de agua, el aumento de fenómenos tormentosos y la disminución de tierra habitable por la subida del nivel del mar y un flujo migratorio desde los países subdesarrollados a los industrializados.

1. b; **2.** a; **3.** c; **4.** b.

5 Competencia intercultural

En esta unidad nos hemos propuesto poner en práctica posibles choques culturales que podrían darse por medio del contexto del uso de la lengua y las situaciones en el ámbito profesional, implicando factores que pueden intervenir en algunos contextos concretos tales como, el contexto mental del usuario en una situación determinada debido a las características de una sala de juntas para celebrar reuniones de negocios, pudiéndose ocasionar un posible choque cultural. La necesidad y el deseo de comunicarse surgen en una situación concreta, y tanto la forma como el contenido de la comunicación son una respuesta a esa situación.

El MCER, establece dentro del contexto de uso de la lengua, los siguientes apartados y nos hemos centrado concretamente en estos aspectos:

1. Los ámbitos. A nosotros nos interesa el ámbito profesional.

2. Las situaciones. En cada ámbito, las situaciones externas que surgen pueden ser descritas en función de:

– el lugar y los momentos en que ocurren;

– los objetos (animados e inanimados) del entorno;

– los acontecimientos que tienen lugar;

3. Condiciones y restricciones.

Las condiciones externas en las que se da la comunicación imponen distintas restricciones en el usuario o alumno y en sus interlocutores.

- Condiciones físicas:
  a. Para el habla:
    – ruido ambiental (trenes, aviones, obras, etc.);
    – interferencias.
  b. Para la escritura:
    – iluminación deficiente, etc.

- Condiciones sociales:
    – naturaleza de las relaciones interpersonales entre los participantes (por ejemplo, simpatía/hostilidad, cooperación, etc.).

5.1. | Saber hacer

En este punto nos hemos centrado en diversos aspectos de carácter no verbal que rodean una situación común en el área de las reuniones de trabajo. Presentamos una serie de situaciones tipo a las que el alumno se podría enfrentar. El siguiente paso sería investigar cómo entiende cada alumno cuáles deben ser esos elementos que rodean al mundo de las reuniones de negocios.

Finalmente, mediante un debate entre toda la clase decidiremos cómo podríamos actuar con éxito, evitando un conflicto, en las situaciones a las que hemos sido expuestos. Podríamos plantear una simulación de una reunión de negocios en esas circunstancias y hacer una puesta común sobre las impresiones y los choques culturales que cada alumno ha experimentado.

En este ejercicio nos hemos centrado en entrenar al estudiante en las destrezas profesionales, entendidas como la capacidad de realizar acciones especializadas (mentales y físicas) que se necesitan para realizar los deberes del (auto) empleo.

5.2. Saber

En este ejercicio se practica la consciencia intercultural, según el MCER, se entiende por consciencia intercultural: "El conocimiento, la percepción y la comprensión de la relación entre el «mundo de origen» y el «mundo de la comunidad objeto de estudio» (similitudes y diferencias distintivas) producen una consciencia intercultural, que incluye, naturalmente, la conciencia de la diversidad regional y social en ambos mundos, que se enriquece con la conciencia de una serie de culturas más amplia de la que conlleva la lengua materna y la segunda lengua, lo cual contribuye a ubicar ambas en su contexto. Además del conocimiento objetivo, la consciencia intercultural supone una toma de conciencia del modo en que aparece la comunidad desde la perspectiva de los demás, a menudo en forma de estereotipos nacionales".

A lo largo de este ejercicio hemos tratado el concepto de la protección del usuario como un concepto cultural, con el ánimo de contrastar cómo el estudiante, por medio del filtro de su propia cultura, se manifiesta y considera la calidad en la contratación de servicios. Unido a lo anterior, el alumno se debe enfrentar al choque cultural y este choque se debe solucionar por medio de una queja o reclamación. De esta manera, podremos observar qué aspectos de la cultura de origen ocasionan que cada una de las situaciones sea o no motivo de queja.

No hemos manifestado explícitamente en el ejercicio el contraste entre la cultura de origen del estudiante y la cultura meta pues es inherente a la sección. Lo que nos proponemos es que el alumno investigue sobre lo que dice la ley en la cultura meta, identifique las áreas que son motivo de choque cultural por su propia percepción y sepa reaccionar ante esas situaciones.

Al final, el profesor preguntará a los estudiantes el mayor o menor grado de insatisfacción en cada una de las situaciones haciendo hincapié en aclarar que el factor que ocasiona la mayor o menor insatisfacción en cada una de las situaciones a las que han sido expuestos está en gran parte motivado por la percepción de su cultura de origen.

UNIDAD 7

La banca

1 Competencia pragmática

1.1. Competencia discursiva

Documentos bancarios: pagaré, cheque, transferencia y carta de crédito

ACTIVIDADES

1. Emisor: persona que liquida una cantidad por un bien o servicio. **Transferencia o pagaré;** Tenedor: persona que recibe una cantidad de dinero. **Pagaré;** Acreedor: sinónimo de tenedor. Normalmente, es la persona a quien se debe dinero. **Pagaré;** Deudor: sinónimo de emisor. En general, es la persona que debe dinero. **Transferencia o pagaré;** Vencimiento: fecha límite en la que se puede realizar un pago. **Pagaré;** Librado: persona que cobra un cheque a su nombre. **Cheque;** Librador: persona que emite el cheque. **Cheque.**

2.

DOMICILIO DE PAGO **ENTIDAD DE CRÉDITO** (Oficina y domicilio)	CCC 1234 1234 1 2 1234560000 **IBAN** ES01 1234 1234 1212 0000 7890

VENCIMIENTO: 8 de agosto de 20…   EUR 1297,58 €

POR ESTE **PAGARÉ** ME COMPROMETO A PAGAR EL DÍA DEL VENCIMIENTO INDICADO

A Jesús Torres Altas 1297.58 euros ....

Jaén a 10 de mayo de 20………

Fdo.- Josefa Sevilla

SERIE XX n.º 0201010

3. Envío de divisas a otro país, pagos por deudas, envío de dinero a familiares, pago de alquiler, etc.

1. **1.** c; **2.** a; **3.** d; **4.** f; **5.** b; **6.** e.

   Carta de crédito: es un compromiso escrito asumido por un banco de efectuar el pago al vendedor, a su solicitud y de acuerdo con las instrucciones del comprador hasta la suma de dinero indicada dentro de un tiempo determinado y a la entrega de los documentos indicados.

2. **a.** 3; **b.** 11; **c.** 1; **d.** 4; **e.** 2; **f.** 8; **g.** 10; **h.** 7; **i.** 9; **j.** 6; **k.** 5.

2 Competencia lingüística

2.1. Competencia léxica

La banca

🏃 **ACTIVIDADES**

1 **a.** Póliza; **b.** Recibo; **c.** Interés; **d.** Reembolso; **e.** Transferencia; **f.** Depósito; **g.** Descubierto; **h.** Reintegro; **i.** Ingreso; **j.** Retención; **k.** Plazo; **l.** Saldo.

2.

de pensiones 3

1 de comercio   verde 6

FONDO

2 de Garantía Salarial   ético 5   de reptiles 4

2 constante   creciente 3

AMORTIZACIÓN

4 decreciente   americana 5

parcial 1

3. **1.** Fondo verde; **2.** Crédito SWAP; **3.** Crédito comercial; **4.** Amortización decreciente; **5.** Fondo de comercio.

4. **a.** Pensión; **b.** Memoria; **c.** Tenedor; **d.** Asiento; **e.** Vía de regreso; **f.** Pensión; **g.** Cartel; **h.** Asiento; **i.** Giro; **j.** Media; **k.** Vía de regreso; **l.** Valor; **m.** Valor; **n.** Gracia; **o.** Memoria; **p.** Giro; **q.** Media; **r.** Media; **s.** Gracia; **t.** Cartel; **u.** Tenedor; **v.** Vía de regreso.

3 Competencia sociolingüística

3.1. Registros

La hipoteca

ACTIVIDADES

1. Tasación; Nota simple Registro de la Propiedad; Tipo de interés; Comisión de apertura; Comisión de cancelación anticipada; Gastos de notaría; Impuesto de Actos Jurídicos; Impuesto de Transmisiones Patrimoniales.

2. Pregunta con respuesta abierta.

3. **1.** Comisión de apertura; **2.** Comisión de aplazamiento; **3.** Comisión de cancelación anticipada; **4.** Comisión de de amortización anticipada; **5.** Comisión de reclamación de impago.

4. Estimados señores:

   Les escribo porque necesito un crédito hipotecario para la compra de una vivienda en las afueras y no conozco cuál es el procedimiento a seguir. Me gustaría saber fundamentalmente si es posible recibir un préstamo hipotecario y el tipo de interés que me aplicarían.

   Me interesaría conocer también cuál sería el importe aproximado de los trámites burocráticos y la tasa del Impuesto de Bienes Inmuebles (IBI). Les informo de mi intención de contratar un seguro de hogar junto con la hipoteca en su entidad bancaria.

   Reciban un cordial saludo.

5. Pregunta con respuesta abierta.

4 Competencia sociocultural

4.1. Competencia cultural

Las cajas de ahorro

ACTIVIDADES

1.

	BANCOS	CAJAS DE AHORROS
Forma jurídica.	Sociedad Mercantil.	Estatus jurídico especial.
Servicios al cliente.	Ofrecen el mismo tipo de servicios.	
Apropiación de beneficios.	Ánimo de lucro /acciones.	Fin social.
Tipo de clientes.	Ciudadanía y empresas.	
Ubicación geográfica.	Nacional/Internacional.	Provincial /regional/nacional (en menor medida).
Gestión.	Privada.	Corporativa.

2. Asistencia social y sanitaria: residencias de ancianos, actividades deportivas, viviendas; Educación e investigación: becas, inversión en I+D, colegios para discapacitados; Patrimonio histórico-artístico y Medio ambiente: museos, premios para concursos, conservación del medio ambiente.

3. Entidades que ofrecen cobertura de riesgo: Compañías de Seguros, Cooperativas de Seguros, Mutualidades de Seguros; Entidades que generan activos derivados: Fondos de Pensiones, Sociedades y Fondos de Inversión, fondos de capital y riesgo.

4.2. Comprensión auditiva

Transcripción del texto

Pista 7 **Presentadora:** ¡Buenos días, queridos telespectadores! Hoy vamos a tratar el tema de los bancos. Para responder a las preguntas de los televidentes contamos con D. Ramón Márquez, experto en seguridad de operaciones bancarias en línea.

El auge de la banca *online* ya es un hecho real, cada día hay más personas que acceden y usan este servicio para realizar sus transferencias bancarias, pagos, consultas, etc. Por este motivo no tenemos que bajar la guardia en cuanto a proteger nuestras operaciones bancarias de posibles manipulaciones, de posibles robos de nuestras finanzas y salvaguardar nuestros datos, tal y como hacemos diariamente en la vida normal o no virtual.

Damos paso a la primera pregunta relacionada con las normas de seguridad para acceder a la banca por Internet.

Telespectadora: ¿Es completamente seguro hacer operaciones bancarias en línea desde casa? Muchas gracias.

D. Ramón: El hecho de estar sentado tranquilamente en su casa no le exime de cualquier hurto informático y usted ha de tomar precauciones tal y como haría por ejemplo al sacar dinero de un cajero automático o al pagar con una tarjeta de crédito.

Presentadora: Tenemos otra pregunta también relacionada con el mismo tema.

Telespectadora: A veces no me siento segura al pagar mis billetes de avión por Internet ¿qué puedo hacer?

D. Ramón: Vamos a intentar romper con el posible miedo que se tiene a la hora de acceder al banco por Internet, a pagar por ordenador usando su conexión de Internet, o a ir de compra por la red, ya que tan solo hay que tener un poco de cautela. No hay más peligro en el mundo informático en cuanto al dinero que en el mundo real; el único problema es el desconocimiento y tomando las precauciones adecuadas es incluso comparativamente más seguro. Igual que no se nos ocurre perder de vista nuestra tarjeta de crédito cuando compramos, o que miramos bien antes de sacar dinero de un cajero automático y tenemos cuidado de que nadie vea nuestra clave al teclearla en esos terminales, etc., pues lo mismo ocurre con las transacciones a través de Internet. Debemos por tanto quitarnos ese "miedo" y tomar como rutina una serie de pasos para que podamos estar seguros y a salvo de posibles ladrones.

Presentadora: Entonces, ¿qué consejos nos daría usted para romper ese miedo a realizar nuestros pagos en Internet?

D. Ramón: El primer consejo es más una obligación. Evitar en lo máximo posible acceder a tu banca por Internet o llevar a cabo transacciones financieras en lugares públicos donde el acceso a Internet está disponible para muchas personas como por ejemplo ciber-cafés, universidades, colegios, oficinas, etc. Estos ordenadores podrían tener algún sistema para capturar tus datos personales o la información de tus cuentas. Si en caso de una posible urgencia se ven forzados a acceder al servicio de banca por Internet, para llevar a cabo alguna transacción en un lugar público, evite que haya personas muy cerca y cierre el navegador al finalizar sus operaciones. A continuación, o lo antes posible, cambie las claves de acceso de seguridad desde su ordenador personal.

El segundo consejo consiste en acceder a las normas de seguridad que le ofrece su entidad bancaria. La mayoría de ellas cuentan con este servicio.

1. a.; **2.** c; **3.** a; **4.** a.

Competencia intercultural

5.1. Saber reclamar

Los factores de actitud y de personalidad inciden enormemente no solo en los papeles que cumplen los usuarios o alumnos de idiomas en los actos comunicativos, sino también en su capacidad de aprender. El desarrollo de una «personalidad intercultural» que comprenda tanto las actitudes como la toma de conciencia es considerado por muchos como una meta educativa importante en sí misma.

En este ejercicio hemos expuesto el concepto de queja o reclamación como un fenómeno que puede producirse o no según la cultura de origen. En contraste con su propia cultura y con la percepción personal de cómo deben ser los servicios bancarios, el alumno conocerá características de servicios financieros de otros países y del país de la cultura meta.

Hemos de insistir en ver la reclamación como un fenómeno que muchas veces viene ocasionado por la expectativa personal, la cual, a su vez, está influenciada por la cultura de origen.

En la reflexión común se analizarán los aspectos que ocasionan la reclamación en cada una de las culturas de origen de todos los estudiantes.

De esta manera, observaremos las destrezas heurísticas del estudiante, entendidas desde el aspecto concreto de la capacidad que tiene el alumno (sobre todo a la hora de usar recursos de referencia de la lengua meta) de encontrar, comprender y, si es necesario, transmitir nueva información para llegar a tener una consciencia intercultural que sería el resultado de contrastar su propia percepción con la experiencia de analizar y conocer la cultura meta.

UNIDAD 8
Calidad de empleo y riesgos laborales

1 Competencia pragmática

1.1. Competencia discursiva

El parte de accidente de trabajo

CONDICIONES DE TRABAJO. Condiciones ambientales: escasa ventilación, contaminación acústica, no existencia de sistemas de captación de gas, espacio insuficiente; Equipo de trabajo: herramientas defectuosas, asientos no ergonómicos, cables eléctricos en malas condiciones, equipamiento insuficiente; Organización del trabajo: estrés, jornada laboral excesiva, carencia de pausas, falta de directrices claras; Relaciones laborales: malas relaciones interpersonales, enchufismo, competitividad excesiva, acoso laboral. ACTITUD DEL TRABAJADOR: drogadicción, irresponsabilidad, falta de dedicación, desinterés.

1. **1.** b; **2.** f; **3.** e; **4.** c; **5.** a; **6.** d.

2. Debemos enfocar la atención del alumno en esta comprensión lectora en aquellos puntos que consideramos clave a la hora de analizar un accidente laboral y en las partes de las que consta. Por ejemplo, datos del trabajador, datos de la empresa, causas del accidente, etc.

ACTIVIDADES

1. Los datos de respuesta libre deben ser completados por el alumno según su criterio. No obstante, el profesor guiará al alumno y ofrecerá información sobre algunos de los conceptos que se detallan en el Parte de Accidente de Trabajo. Algunos conceptos relevantes del PAT son los siguientes:

Convenio.	Acuerdo vinculante entre los representantes de los trabajadores y los empresarios de un sector o empresa determinados, que regula las condiciones laborales.
Asalariado.	Trabajador que percibe un salario por su trabajo.

Contrata.	Contrato que se hace con el Gobierno, con una corporación o con un particular, para ejecutar una obra material o prestar un servicio por precio o precios determinados.
Subcontrata.	Contrato que una empresa hace a otra para que realice determinados servicios, asignados originalmente a la primera.
Cuenta de cotización.	Retribución o pago de los trabajadores con arreglo a la cual se calcula la cuota que se ha de pagar a la Seguridad Social.
ETT (Empresa de Trabajo Temporal).	Este tipo de empresas se dedica a la satisfacción de necesidades de otras empresas mediante la prestación de sus servicios, entre los que se encuentra la selección de personal como la actividad predominante de entre las que ofrecen. Oferta servicios a un público que se dirige a ellos con el interés de conseguir un puesto de trabajo o cambiar el que ya tienen.
Servicio de prevención mancomunado.	Es el servicio creado según el artículo 21 del Reglamento de los Servicios de Prevención "...entre aquellas empresas pertenecientes a un mismo sector productivo o grupo empresarial o que desarrollen sus actividades en un polígono industrial o área geográfica limitada...", el cual, tendrá la consideración de servicio propio de las empresas que lo constituyan y donde la actividad preventiva se limitará a las empresas participantes.
Servicio de prevención propio.	La empresa ofrece su propio servicio de prevención de riesgos.
Servicio de prevención ajeno.	La empresa ofrece su plan de prevención de riesgos laborales a través de otra empresa.
Código de Identificación Fiscal (CIF).	El CIF es el que nos permite, realizar operaciones económicas, recibir subvenciones, abrir cuentas corrientes, etc. Por ello es necesario obtenerlo inmediatamente después de la constitución de la asociación, teniendo en cuenta que la ley establece el plazo de un mes, a partir de la legalización, para solicitarlo. Consta de nueve dígitos. El CIF se consigue fácilmente en la Delegación de Hacienda cumplimentando el modelo 036. La entrega del CIF por parte de la Delegación de Hacienda es inmediata.

Número de Identificación Fiscal (NIF).	El Número de Identificación Fiscal (NIF) es la manera de identificación tributaria utilizada en España para las personas físicas con Documento Nacional de Identidad (DNI) o Número de Identificación de Extranjero (NIE) asignados por el Ministerio del Interior y las personas jurídicas. El formato del NIF consiste básicamente en ocho números más un dígito de control para españoles con DNI o bien en una letra, y siete números y un dígito de control para el resto de personas físicas.

2.

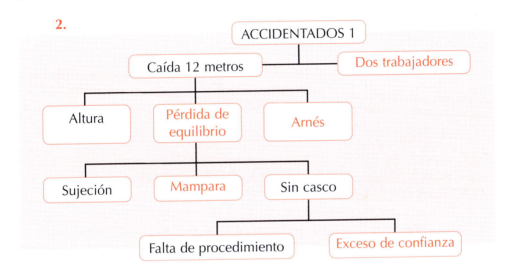

3. **1.1.** ¿Las condiciones ambientales en el momento del accidente eran las habituales? No. No había una red protectora que frenara la caída. ¿Qué factores de los que a continuación señalamos se puede considerar que han influido en el accidente? Fatiga física o mental, Posturas forzadas, incómodas, Movimientos repentinos, Horarios o turnos insatisfactorios, Ritmo de trabajo elevado, Estrés; **1.2.** ¿Se realizan operaciones periódicas de mantenimiento? No. No había red protectora y el arnés es posible que estuviera en malas condiciones. ¿Las instalaciones, máquinas o herramientas implicadas en el accidente estaban dotadas de sistemas de seguridad? No. Faltaba la red. ¿El accidente ha ocurrido por supresión de alguno de los sistemas de seguridad? No había supresión de sistemas de seguridad. Simplemente la prevención de riesgos no se había implantado correctamente; **1.3.** ¿El accidentado tenía a su disposición medios de protección personal? Sí. ¿Dichos medios de protección personal estaban en buen estado? No. ¿El accidentado utilizaba los medios de protección personal a su disposición en el momento del accidente? Sí; **1.4.** ¿El accidente podía

haberse evitado? ¿Cómo? Sí. Si se hubiera cumplido tajantemente con la normativa impuesta por la Ley de Prevención de Riesgos Laborales. ¿Alguno de los factores que han provocado este accidente habían causado con anterioridad otros accidentes o incidentes? ¿Cuáles? No.

4. Pregunta con respuesta abierta.

5. Pregunta con respuesta abierta.

2 Competencia lingüística

2.1. Competencia léxica

Herramientas y equipo de trabajo. Los trabajos y sus enfermedades

ACTIVIDADES

1	
Tornillos.	E
Una palanca.	E
Un taladro.	E
Una soldadora.	E
Máquinas para movimiento de tierras.	E
Un martillo.	E
Un arnés.	EPI
Un destornillador.	E
Unos guantes.	EPI
Una sierra de disco.	E
Unas botas antideslizantes.	EPI
Un horno.	E
Un casco.	EPI
Una mascarilla.	EPI

2. 1. Una jeringa: contagio de SIDA o hepatitis B; **2.** Escaleras plegables: caída; **3.** Una toma de corriente: electrocución; **4.** Detergentes: alergia; **5.** Un taladro: herida punzante; **6.** Frigoríficos: congelación; **7.** Calderas: quemadura; **8.** Un hacha: amputación de miembros; **9.** Una soldadora: quemadura; **10.** Sierra eléctrica: amputación de miembros o cortes.

3. **a.** Enfermedad profesional; **b.** Accidente laboral; **c.** Accidente laboral; **d.** Enfermedad profesional; **e.** Enfermedad profesional; **f.** Enfermedad profesional; **g.** Accidente laboral; **h.** Enfermedad profesional; **i.** Enfermedad profesional.

3 Competencia sociolingüística

3.1. Registros

Parámetros para medir la calidad del empleo

La calidad en el trabajo puede mejorar la productividad y si esta mejora, la oferta de puestos de trabajo también lo hará.

ACTIVIDADES

1. Acceso y estabilidad en el empleo: 5, 6, 7, 11; Salud y seguridad en el trabajo: 3, 8, 12; Formación del trabajador: 4, 9; Conciliación del trabajo con la vida familiar: 1, 2, 10.

2. Pregunta con respuesta abierta.

4 Competencia sociocultural

4.1. Competencia cultural

La Seguridad Social

ACTIVIDADES

1. **a.** Inscribirse en el Régimen General de la Seguridad Social por ser un trabajador extranjero por cuenta ajena y residente en España; **b.** Afiliarse a la Seguridad Social; **c.** Obtener la tarjeta de la Seguridad Social.

2. Al ser un trabajador de origen guineano, pero con nacionalidad española y al pertenecer a la categoría laboral de trabajadores del mar debe estar inscrito en el Régimen Especial de la Seguridad Social. Por lo tanto, al estar legalmente casado, su esposa goza de la misma nacionalidad y tiene derecho a la asistencia sanitaria en el hospital que le corresponda a su domicilio, siempre y cuando no sea un caso de urgencia.

3. Uno de los objetivos de la Seguridad Social es velar por las personas que están en la imposibilidad – temporal o permanente – de obtener ingresos y esta señora al ser una trabajadora ha cotizado a la Seguridad Social y consecuentemente tiene derecho a dicha asistencia sanitaria.

4. Sí, puesto que ha cotizado anteriormente y se encuentra legalmente en España.

5.

SERVICIOS	SÍ	NO
Asistencia psicológica.	X	
Patrocinio de actividades culturales.		X
Rehabilitación.	X	
Servicio de comidas a domicilio.		X
Ambulancia.	X	
Residencias de la tercera edad.		X
Medicamentos.*	X	X
Dentista.		X
Cambio de sexo.**	X	X
Abortos.***	X	X

* Son gratis para los pensionistas o jubilados y se ofrecen al paciente por medio de un descuento si se compran por prescripción médica.

** En algunas Comunidades Autónomas, como en el caso de Andalucía, sí es posible.

*** Siempre que se aplique alguna de las tres causas legalmente establecidas: peligro para la madre, violación o malformación del feto. Esta legislación está, no obstante, sujeta a posibles modificaciones y debate político.

6. Habría que informarse primero si tiene o no contrato, aunque el hecho de que se le pague en metálico cada semana induce a pensar que no se ha realizado el contrato laboral y consecuentemente no se ha inscrito en el Régimen Especial de la Seguridad Social por ser trabajadora del servicio doméstico. Todo esto nos puede hacer sospechar que es una trabajadora extranjera ilegal y al no haber cotizado, no podrá beneficiarse de los servicios que la Seguridad Social ofrece.

4.2. Comprensión auditiva

 **Transcripción del texto**

Pista 8 **Locutora:** ¿Qué supone la Ley de Prevención de Riesgos Laborales?

D. Alberto: La Ley sobre Prevención de Riesgos Laborales tiene por objeto la determinación del cuerpo básico de garantías y responsabilidades, preciso para establecer un adecuado nivel de protección de la salud de los trabajadores frente a los riesgos derivados de las condiciones de trabajo.

Locutora: ¿Cuáles son las condiciones de trabajo que pueden suponer un daño para la salud de los trabajadores?

D. Alberto: La Ley de Prevención de Riesgos Laborales manifiesta que el daño a la salud puede estar ocasionado por las máquinas, herramientas o sustancias que se emplean en el trabajo, también los locales e instalaciones en los que se trabaja suponen a veces un riesgo junto con la organización y ordenación del propio trabajo.

Locutora: ¿Qué factores son proclives a ocasionar un riesgo laboral?

D. Alberto: Los turnos, el horario, el ritmo, los mecanismos de control del rendimiento del trabajador/a, las relaciones jerárquicas, la asignación de tareas son aspectos que pueden dar lugar a un accidente en el trabajo.

Locutora: ¿Qué supone la entrada en vigor de la Ley de Prevención de Riesgos Laborales?

D. Alberto: Desde la entrada en vigor de la Ley de Prevención de Riesgos Laborales, la organización del trabajo ya no pertenece exclusivamente al empresario. Esta Ley supone un límite a esa exclusividad, pues exige que se ejecute de modo que no perjudique a la salud de los trabajadores. Esta ley supone una actuación conjunta de los sindicatos, el control administrativo y judicial así como de los empresarios.

Locutora: ¿En qué consiste la intervención preventiva?

D. Alberto: La intervención preventiva en los centros de trabajo se basa en unos principios ordenados jerárquicamente en función de su eficacia.

Locutora: Y ¿cuáles son esos criterios?

D. Alberto: Evitar los riesgos, sustituir lo peligroso por algo que genere menos peligro, adaptar el empleo al trabajador, combatir los riesgos desde la raíz, dar más prioridad a la protección colectiva que a la individual.

1. b, **2.** c; **3.** c; **4.** a.

5 Competencia intercultural

5.1. Instituto Nacional para la Seguridad e Higiene en el trabajo

Ejercicio 1

La dirección que se encuentra en el libro del alumno ha sufrido transformaciones, pero es posible encontrar la información requerida. Algunos de los enlaces también han cambiado y mostramos en el libro de claves los nuevos términos utilizados.

Debido a la rapidez con que las direcciones *web* cambian, aconsejamos buscar el INSHT en cualquier buscador conocido. La información que pedimos a los estudiantes en este ejercicio, suele ser permanente, por lo tanto, aconsejamos revisar la página antes de la sesión en clase para analizar los posibles nuevos enlaces.

Mostramos a continuación la información que se pide:

http://www.insht.es/portal/site/Insht

En la página de Inicio verás que hay cuatro sedes que están localizadas en las ciudades de Madrid, Barcelona, Sevilla y Baracaldo (Vizcaya).

Intentemos acercarnos a este Instituto para conocer sus funciones y procedimientos.

En la columna de la izquierda, hacemos clic en El instituto. Estructura organizativa y seguidamente volvemos a hacer clic en Funciones. Escribe una lista con las principales funciones que este organismo realiza.

El Instituto tiene, entre otras, las siguientes funciones:

- Asesoramiento técnico en la elaboración de la normativa legal y en el desarrollo de la normalización, tanto a nivel nacional como internacional.
- Promoción y realización de actividades de formación, información, investigación, estudio y divulgación en materia de prevención de riesgos laborales, con la adecuada coordinación y colaboración, en su caso, con los órganos técnicos en materia preventiva de las comunidades autónomas en el ejercicio de sus funciones en esta materia.
- Apoyo técnico y colaboración con la Inspección de Trabajo y Seguridad Social en el cumplimiento de su función de vigilancia y control, prevista en el artículo 9 de la Ley de Prevención de Riesgos Laborales, en el ámbito de las Administraciones Públicas.
- Colaboración con organismos internacionales y desarrollo de programas de cooperación internacional en este ámbito, facilitando la participación de las comunidades autónomas.
- Velar por la coordinación, apoyar el intercambio de información y las experiencias entre las distintas Administraciones Públicas y especialmente fomentar y prestar apoyo a la realización de actividades de promoción de la seguridad y de la salud por las comunidades autónomas.
- Prestar de acuerdo con las Administraciones competentes, apoyo técnico especializado en materia de certificación, ensayo y acreditación.
- Actuar como Centro de Referencia Nacional en relación con las Instituciones de la Unión Europea garantizando la coordinación y transmisión de la información que facilita a escala nacional, en particular respecto a la Agencia Europea para la Seguridad y Salud en el Trabajo y su Red.
- Desempeñar la Secretaría de la Comisión Nacional de Seguridad y Salud en el Trabajo prestándole la asistencia técnica y científica necesaria para el desarrollo de sus competencias.
- Cualesquiera otras que sean necesarias para el cumplimiento de sus fines y le sean encomendadas en el ámbito de sus competencias, de acuerdo con la Comisión Nacional de Seguridad y Salud en el Trabajo con la colaboración, en su caso, de los órganos técnicos de las comunidades autónomas con competencias en la materia.

Un área que también es interesante conocer es la de sus líneas de acción. Para informarnos sobre estas líneas u objetivos haremos clic en el enlace del mismo nombre e intentaremos buscar información para responder a las siguientes preguntas: ¿crees que se queda cubierta completamente el área de la calidad e higiene en el trabajo con sus objetivos? ¿Añadirías o quitarías alguno?

Los objetivos contenidos en cada línea de acción son:

- Asistencia Técnica: garantizar a las Administraciones Públicas, las organizaciones empresariales y sindicales y otras entidades públicas implicadas en la prevención, el apoyo técnico especializado y diferenciado que requieran en esta materia.
- Estudio/Investigación: mantener un conocimiento actualizado de la situación y tendencias de las condiciones de Seguridad y Salud en el Trabajo en España y la UE, y aportar elementos de ayuda para la mejora de las mismas.
- Formación: promover y apoyar la integración de la formación en PRL en todos los programas y niveles educativos, participando activamente en la formación especializada en este terreno y aportando los elementos de ayuda que se requieran.
- Promoción/Información y Divulgación: promover la sensibilización sobre la PRL y actuando como elemento dinamizador de la prevención; producir, recopilar y facilitar la difusión de la información a todos los interesados; facilitar el intercambio de información entre las distintas Administraciones Públicas y ejercer el papel del "Centro de Referencia Nacional" en esta materia en relación con la UE.
- Desarrollo Normativo/Normalización: aportar el asesoramiento técnico necesario en la elaboración de la normativa legal y técnica sobre PRL y promover la información al respecto.
- Ensayo/Certificación de equipos de protección y de máquinas: asegurar la prestación de los servicios especializados, en tanto organismo notificado a la UE al respecto.
- Cooperación Técnica: promover y mejorar la eficacia de la cooperación técnica internacional en materia de PRL.

Ahora vamos a hacer clic en Organigrama. Como puedes observar, cada una de las sedes está especializada en un aspecto diferente relacionado con la calidad en el trabajo. ¿Podrías hacer un resumen de las líneas de actuación específicas que cada una de las sedes tiene?

Sede de Madrid:
- Seguridad.
- Agentes físicos.
- Ergonomía.
- Sensibilizantes laborales.
- Formación del CNNT.

Sede de Barcelona:
- Los **riesgos mecánicos y los producidos por agentes físicos, químicos y biológicos** y los de especial peligrosidad.
- Los **métodos normalizados de análisis de contaminantes.**
- La **ergonomía de lugares y puestos de trabajo.**

- Las **condiciones psicosociales** y las actuaciones sobre el diseño y la organización de las tareas.
- Los **sistemas avanzados de gestión** para la mejora de las condiciones de trabajo y la **promoción de la salud** como factor de eficiencia y de competitividad.

Sede de Sevilla:

- Estudios ambientales en agricultura.
- Evaluación de agentes químicos y análisis de plaguicidas.
- Seguridad a bordo de los buques de pesca.
- Trastornos músculo-esqueléticos.
- Verificación, certificación CE y Control del Producto Final de Equipos de Protección Individual (EPI).
- Control en el mercado nacional de productos industriales (EPI).
- Normalización nacional, europea e internacional en materia de EPI y Ergonomía.

Sede de Vizcaya:

Departamento de Verificación de Maquinaria:

El Departamento de Verificación de Maquinaria desempeña su actividad en el ámbito de la Seguridad de las Máquinas, con un doble enfoque:

- La integración de la seguridad en el diseño de las máquinas.
- La aplicación de principios de seguridad en la utilización de máquinas y, en general, de equipos de trabajo.

Departamento de Contaminantes y Toxicología:

El Departamento de Contaminantes y Toxicología desempeña su actividad en el ámbito de la Metrología de agentes químicos aplicada a la Higiene Industrial y tiene los siguientes objetivos generales:

- Dar respuesta a las necesidades de legislación (presentes y futuras) relacionadas con la medición de la exposición laboral a agentes químicos.
- Proporcionar herramientas a los usuarios que posibiliten la realización de mediciones fiables.

El siguiente paso consiste en conocer el área de las guías prácticas que este Instituto edita. Vamos a hacer clic en Tipo de texto (lo encontraréis debajo del enlace anterior). Una vez que se nos ha cargado la página, haremos de nuevo clic en Fichas y Notas Prácticas. Esta sección es muy interesante porque nos va a permitir conocer con precisión las siguientes áreas:

- Actividades y Sectores.
- Equipos de protección individual.
- Ergonomía y Psicosociología.
- Formación.
- Gestión de la prevención.
- Higiene.
- Medicina y Epidemiología.
- Seguridad.

Para terminar, vamos a tener que salir a la calle. Primero, vamos a hacer clic en el apartado Temas ---- Gestión de la prevención y dentro de este apartado nos iremos al enlace ¿Cómo aplica su empresa la Ley de Prevención de Riesgos Laborales? (es el penúltimo documento). En este enlace encontraréis una encuesta en la que hay una serie de preguntas para que un empresario responda.

Ejercicio 2

Hemos expuesto el concepto de riesgo laboral como un término que por su propia idiosincrasia puede tener diferentes connotaciones en diferentes culturas. Nos parece clave tener en cuenta la concepción que de este concepto se tenga en las diferentes culturas de origen de los estudiantes, con el ánimo de contrastar las diferentes visiones que se puedan tener de este término y de, esta manera, poder prever posibles choques culturales y sus consecuentes resoluciones de conflictos. Una vez más, la consciencia intercultural resulta de vital importancia a la hora de capacitar al alumno para desarrollar su competencia intercultural.

Tomando como fuente el MCER, hemos trabajado en esta sección el conocimiento sociocultural desde la perspectiva de los valores, las creencias y las actitudes. Dentro de este punto nos hemos concentrado en el concepto de seguridad.